Inocencia radical

La vida en busca de pasión y sentido

Edición actualizada

Inocencia radical

La vida en busca de pasión y sentido

ELSA PUNSET

Edición actualizada

Inocencia radical
La vida en busca de pasión y sentido

Primera edición: noviembre de 2015

D. R. © 2009, Elsa Punset Bannel

D. R. © 2015, derechos de edición mundiales en lengua castellana:
Penguin Random House Grupo Editorial, S. A. de C. V.
Blvd. Miguel de Cervantes Saavedra núm. 301, 1er piso,
colonia Granada, delegación Miguel Hidalgo, C. P. 11520,
México, D. F.

www.megustaleer.com.mx

Traducción de Elsa Punset del poema «Enough» de David Whyte
en Where Many Rivers Meet, reproducido en p. 47
© 1990, David Whyte, Many Rivers Press, Langley, Washington
(www.davidwhyte.com)
Traducción de Juan Carlos Villavicencio del poema «I carry your heart with me»
de E. E. Cummings, reproducido en p. 190

ISBN: 978-607-31-3899-4

Impreso en México – *Printed in Mexico*

El papel utilizado para la impresión de este libro ha sido fabricado a partir de madera procedente
de bosques y plantaciones gestionadas con los más altos estándares ambientales, garantizando
una explotación de los recursos sostenible con el medio ambiente y beneficiosa para las personas.

Penguin
Random House
Grupo Editorial

A mis padres, Eduardo y Suzel,
que me han dado raíces y alas.

Índice

Introducción: La pérdida de la inocencia...................... 17

I. EL PRESENTE 25
El cerebro inquieto.. 29
Anclarse en el presente.. 33
Las fantasías, un indicador útil de la intensidad
    con que vivimos.. 44
Los dones del presente: la serenidad...................... 47
La reeducación emocional...................................... 49

II. EL CONFLICTO.. 57
Los fantasmas de la indefensión............................ 58
¿Qué es el conflicto?... 59
Las trampas del conflicto: las lealtades
    y los esquemas 69
    Las lealtades inconscientes................................ 71
    Los esquemas, unas defensas compulsivas.......... 76
    Los cinco esquemas personales: un mapa
        del miedo emocional..................................... 80

Los cinco esquemas sociales: un mapa
del miedo a los demás 83
Los dones del conflicto: la resolución
y la renovación 87
La renovación de las personas........................... 93
El perdón.. 95

III. LA TRISTEZA.. 97
El trauma no dicta el destino 100
El sentido evolutivo de la tristeza 102
Las trampas de la tristeza: la resignación............... 108
Los dones de la tristeza: la pasión 113
La disolución de la tristeza............................ 119

IV. LA TENTACIÓN... 127
La búsqueda del mito 128
Imaginar para transformar: ideas para entrenar
la imaginación 134
Las trampas de la tentación: la pereza................... 141
Los dones de la tentación: la creatividad 153
Locura y creatividad.................................... 158

V. EL AMOR 161
¿Dónde está el amor? 163
El amor inocente 168
Las trampas del amor: la dependencia 171
Los dones del amor: el aprendizaje
y la transformación 183

VI. La desnudez 193
Las trampas de la desnudez: los
   condicionamientos 199
   El peso del bagaje emocional 200
   La resistencia al cambio 204
Los dones de la desnudez: la libertad 207
   La vida en busca de sentido 209

Epílogo 213
Bibliografía básica 217

«El ángel que presidió mi nacimiento dijo:
"Pequeña criatura hecha de alegría y júbilo,
corre y ama sin la ayuda de nadie en la Tierra"».
WILLIAM BLAKE

«Del sueño de mi larga noche desperté a mediodía bajo los focos del quirófano de un hospital en las afueras de Londres. Lloré y rabié de miedo hasta que la luz cejó y las manos de plástico de la enfermera me soltaron. Y quedé así, aturdido y expectante frente al mundo que empezaba, en un desierto de silencio y de espera. Nadie me preguntó de dónde había venido y cuando quise acordarme lo había olvidado. El deseo de recordar me persigue desde entonces».

Diario de un recién nacido, ANTICH ARPAG

Introducción
La pérdida de la inocencia

Nacemos inocentes. Sin emociones mezcladas, sin dudas, sin miedos, sin mentiras. Llegamos a este mundo para descubrir, para compartir, lisos, luminosos y coherentes; vulnerables pero todavía abiertos al mundo, animados por una curiosidad rotunda y radical, dotados de pasión por vivir y de un abanico de emociones básicas que compartimos, en mayor o menor medida, con otros seres vivos, con otras especies. Son los dones del amanecer de cada vida, una vida que llega con la mirada llena de curiosidad y de confianza.

A lo largo de estas páginas veremos por qué perdemos, poco a poco, esta inocencia apasionada y radical, por qué migramos hacia la concesión y la tristeza. Recorreremos algunos hitos y obstáculos que propician el despunte de facultades humanas potencialmente extraordinarias. Veremos por qué, pese a ser abiertos y generosos de manera natural, a veces hundimos la cabeza hasta perder la razón en un conglomerado de miedos y de mentiras. Navegaremos por los espacios de la vida diaria para hacer visibles sus luces y sus sombras, para marcar a fuego sus dones y sus trampas.

Para ello hablaremos de la realidad gozosa y doliente que teje la vida diaria: del amor y del miedo, de la tristeza y de la tentación, de la desnudez y de la transformación. Son los espacios de la inocencia, algunas de las etapas básicas que las personas atraviesan, una y otra vez, durante el transcurso de su vida. Allí vivimos, gozamos, sufrimos y aprendemos: en el presente del día a día, en los momentos de tristeza, en los conflictos, en las tentaciones que nos acechan. ¿Quién puede evitarlos? Cómo nos enfrentamos a estos espacios vitales, si los atravesamos desde la inocencia o desde la rigidez, desde el amor, el odio o la desnudez, si caemos en sus trampas o si logramos que fructifiquen sus dones, determina el tejido de cada vida, las emociones que la acompañan, el comportamiento diario.

Estas actitudes vitales se fraguan en el órgano que contiene las emociones y el raciocinio humano: el cerebro humano, con sus debilidades y sus fortalezas. Lo que allí se fragua determina cada gesto, cada pensamiento. El cerebro no es un órgano rígido: comprobaremos a lo largo de estas páginas que nuestros resortes mentales son, al contrario, extraordinariamente flexibles. Un pensamiento puede arruinar o transformar una vida, y podemos a su vez transformar estos pensamientos. Está en nuestras manos comprender este proceso, conocer su cara oculta, saber tocar sus resortes.

Hace siglos que intentamos identificar qué hace especial al ser humano, qué lo distingue del resto de los seres vivos. Hasta hace muy poco nos habíamos centrado en la búsqueda de un único elemento que contuviese la esencia de lo humano, algo que nos dotara de un estatus especial. Sin embargo, muy probablemente lo que nos distinga como especie sea un conjunto de habilidades y destrezas que compartimos con otras especies, aunque dichas cualidades hayan madurado y evolucionado de forma intensa en nuestro caso hasta conformar la esencia humana. Somos el resultado de fuerzas evolutivas vastas y complejas que nos han dotado de mecanismos específicos, generados por la vida para dar respuesta a determinadas necesidades.

La psicología evolutiva contempla pues el desarrollo del ser humano —en mente y cuerpo— como el resultado de fuerzas naturales que llevan millones de años operando. Una imagen sirve para ilustrar mejor el enorme caudal de tiempo empleado en conformar la psique humana: si todo el tiempo transcurrido desde la emergencia de los primeros homínidos cupiese en un solo día, todo el periodo de historia conocido, más o menos unos cinco mil años, ocuparía únicamente los dos últimos minutos de ese día. Así, no puede sorprendernos ver, a lo largo de este libro, algunas reacciones automatizadas que nos habitan, algunas respuestas enraizadas en los albores de nuestra historia que parecen, tristemente, tan persistentes como anacrónicas.

Las perspectivas ante la fuerza brutal de los siglos de condicionamientos genéticos y culturales que soportamos sin apenas ser conscientes del peso de esta mochila milenaria no son, sin embargo, fatalistas. El cerebro, al contrario de lo que se creía hasta hace poco, es plástico, capaz de regenerarse y de encontrar nuevas formas de expresión y de comunicación. Pero la complejidad del cerebro humano es un arma de doble filo. Por una parte, somos tan flexibles y sutiles que creamos, soñamos e inventamos. Por otra, somos propensos a viajar en el tiempo, a presentir y a temer. Las mismas capacidades que sirven para la creatividad pueden atarnos de pies y manos en forma de lealtades trasnochadas y miedos inventados. Para protegernos, levantamos defensas milenarias que ya no son necesarias:

no hay peor cárcel que la que construimos nosotros mismos al imponernos límites artificiales y negar lo fluido e incierto de la vida.

No sólo arrastramos un código desfasado y grabado a sangre y fuego, sino que además nos fijamos, sobre todo, en las aristas de la vida diaria: amplificamos los peligros, revivimos las ausencias, lamentamos las carencias. Perdemos la perspectiva. Nos centramos en los obstáculos, en las voces quejumbrosas de quienes nos acompañan en este breve viaje a quién sabe dónde, empeñados en acumular dudosas certezas y confortantes riquezas. Sin embargo, nada de eso logra aplacar la soledad profunda que nos acompaña.

Nos sentimos solos aunque estemos rodeados de otras personas. La clave de nuestra avanzada evolución podría residir precisamente en la complejidad del entorno social que ha fomentado el desarrollo del cerebro humano. Hemos tenido que diseñar estrategias muy refinadas para movernos con soltura en una sociedad que nos hace sentir pequeños y vulnerables; recursos específicos para navegar entre tanto competidor y tanto peligro, para distinguir con claridad al amigo del enemigo.

Mentir es un recurso útil. Tal vez por ello la naturaleza está plagada de mentirosos: algo tan ínfimo como un virus tiene estrategias para engañar los sistemas inmunitarios de sus víctimas, y existen innumerables ejemplos de plantas y especies animales que se protegen de los peligros o destacan entre sus competidores en función de estrategias de engaño.

Mentimos para sobrevivir. Pero no nos gusta hacerlo. Estamos programados para la supervivencia, pero también para amar y para compartir. Cuando mentimos, robamos o manipulamos, nos angustiamos. Cuando no amamos, nos entristecemos. Sólo un psicópata tolera cómodamente su propia maldad. Para acallar la disonancia interna resultante hemos desarrollado mecanismos que justifican casi cualquier acto o decisión, por injusta que pueda resultar. Así, hemos abierto la puerta a muchas de las paradojas y sinsentidos históricos del comportamiento humano: el abuso, la tortura, la degradación y la mentira. Porque en realidad casi nunca mentimos conscientemente, sino que nos autojustificamos y para ello nos autoengañamos. El colmo de la mente es que consiga mentirse tan bien a sí mismo: suavizamos las verdades crudas de la vida, ignoramos aquello y a aquellas personas que conviene no ver ni escuchar, minimizamos los deseos incómodos o conflictivos. La mente humana pone a nuestra disposición un amplio abanico de recursos automáticos para distorsionar la memoria, las percepciones y la lógica: tomamos decisiones en función de giros cognitivos automáticos, filtramos eficazmente la información circundante, reinventamos la realidad para acomodarla a nuestros deseos y a nuestras necesidades. Retomamos nuestros recuerdos y los alteramos, revisamos y acomodamos tan a menudo que no nos damos cuenta.

En realidad nos estamos debatiendo entre la cara oscura y la cara consciente de la mente humana. Aunque la faz consciente parezca inmensa, las llanuras del inconsciente albergan una vida mucho más compleja, intensa y determinante. Detrás de la conciencia acecha un territorio extenso en el que se pueden esconder los miedos y las vergüenzas, las justificaciones y los autoengaños. Es el lado misterioso y más resbaladizo de la mente humana. De este inconsciente tan inexplorado hablaremos a lo largo de estas páginas, porque allí, casi siempre, es donde vivimos, sentimos y decidimos sin saber por qué ni cómo.

De hecho, muchos —tal vez casi todos— nuestros procesos mentales ocurren fuera del ámbito de la conciencia. Cuando los experimentos de Benjamin Libet desvelaron la supremacía de los procesos inconscientes frente a la mente consciente revelando que antes de realizar un movimiento conscientemente nuestro cerebro ya ha iniciado los preparativos de forma inconsciente, desataron también las inagotables controversias de si existe, o no, el libre albedrío. Hoy en día sabemos que el mundo inconsciente es tan complejo y sigiloso que ya no tiene sentido pretender tenerlo todo bien atado en la conciencia.

Pero el poder del inconsciente no cercena la voluntad humana. El problema yace más bien en la escasa atención que le prestamos a comprender quiénes somos. Que seamos oscuridad o luz dependerá, sobre todo, de nuestro entorno y de que a lo largo de la vida lleguemos a vislumbrar, a educarnos, a transformarnos. Vivir sin capacidad de comprensión y de transformación equivale a vivir pasivamente, presos de comportamientos arcaicos y de creencias trasnochadas que todavía rigen la vida de la mayoría en nuestra sociedad. Sin duda, uno de los grandes cambios que se avecina responde a la necesidad y a la certeza —que están empezando a calar en la sociedad— de que, así como nos pueden enseñar a odiar y a temer, también, y de forma urgente, necesitamos que nos enseñen a sacar partido, poco a poco, a la enorme capacidad que tenemos para amar y para crear.

Bastará con dejar a un lado, cuidadosamente, la mentira, las lealtades caducas, los juicios tajantes, las divisiones arbitrarias y excluyentes; con observar, en lugar de justificar, las respuestas automáticas almacenadas en las catacumbas de la mente humana; con encontrar o inventar los cauces por los que pueda fluir el caudal desbordante de la creatividad humana; con canalizar la energía viva que nos habita para sortear las trampas y descubrir los dones que nos acechan en los espacios de la vida donde, día a día, vive, o muere, nuestra inocencia primigenia y radical.

I

El presente

—¿Estás aquí? —me preguntó.

—¿Dónde voy a estar si no? —contesté sonriendo. Realmente, no había ningún lugar en el quisiera estar más que allí, en la hierba, bajo la sombra alargada de unos cipreses centenarios, junto al hombre que quería.

—No estás aquí —insistió él—. No estás aquí.

Quería que me diese cuenta de algo. Suspiré, me acomodé de nuevo en la hierba y cerré los ojos. Él tenía la extraña habilidad de colarse en mi interior y de saber lo que allí ocurría antes incluso de que yo me diese cuenta de ello.

—¿Y dónde crees que estoy? —volví a preguntarle sin demasiada convicción.

Pero no me contestó. Jamás lo hacía. No me facilitaba las claves, nunca. Fue un maestro duro. Sin embargo, tenía razón: yo estaba en otro lugar. Aunque él había conducido dos horas para venir a verme, aunque había sugerido que podía quedarse hasta el día siguiente, aunque había llegado con una pequeña maleta, yo no estaba tranquila. Con él nada era nunca definitivo. La felicidad, sobre todo, era sólo una sugerencia frágil, algo que tal vez pudiese ocurrir en otro momento. Por ello yo no estaba allí, a su lado, en el momento, disfrutando de su presencia. Estaba en ese lugar donde me invadía el temor a que se levantase y se marchase de mi lado con cualquier excusa. Era un futuro caprichoso, un espacio donde yo no contaba, casi ni existía y desde luego no podía cambiar nada. Estaba atrapada en el deseo punzante de cerrar las puertas del mundo para retenerlo junto a mí hasta el día siguiente. Era un lugar de temor y de impotencia.

—¿Sabes cuando miras las cosas pero no estás allí? —le dije despacio—. Miras la vida pasar pero no estás dentro. Sabes que deberías estar dentro, pero estás fuera. Es como una película, eres un actor en un sueño. Allí es donde estoy yo ahora mismo, a la espera de que no ocurra lo que temo. Veo el mundo pasar pero no formo parte de ese mundo. No decido nada, estoy a merced de otros, a la espera de que todo vaya como deseo. Odio ese lugar.

Asintió. Él sabía perfectamente que yo estaba en ese lugar y por qué estaba allí. Era experto manejando las emociones de los demás. Manipulaba y luego miraba tranquilamente cómo uno se debatía entre el deseo, la incertidumbre y el miedo. Yo nunca quise vivir en un teatro. Él en cambio había elegido de forma deliberada y permanente el papel de director anónimo y distante. Se sentaba donde quería, o donde podía, y daba órdenes a sus actores. Sólo se preocupaba de que no lo alcanzase la vida, porque creía que así la tenía derrotada de antemano. Debía ser tan grande la soledad en su extraña y deliberada ausencia que a veces rompía sus propias reglas con un gesto o una palabra que traslucían vida, amor o dolor. Sus incursiones en la vida cobraban una importancia enorme para mí por lo escasas. Pero enseguida regresaba a su butaca, seguro, estéril y parapetado.

Se estiró y sonrió.

—Tengo que irme —dijo—. No te lo había dicho, pero he de devolver el coche a mi hermano.

No es un privilegio exclusivo de algunas personas «secuestrar» los pensamientos y las emociones de quienes las rodean. ¿Por qué cuesta hacer algo aparentemente tan sencillo como aceptar los límites de la vida que nos ha tocado y ocuparlos con plenitud? ¿Por qué no somos siempre capaces de disfrutar de los sonidos, de los olores y de los colores, de sentir sin concesiones el aquí y el ahora de la vida que nos rodea y que debería empaparnos? ¿Es por los estímulos externos, por las prisas, por la tiranía de lo urgente, por las expectativas, la frustración o la insatisfacción razonada, e incluso razonable? ¿Pueden ellos alejarnos del núcleo esencial de la vida, de su cruda y viviente realidad, de su latido persistente?

En Galicia, en el televisor mal sintonizado de una minúscula casita plantada frente a una playa salvaje, escuché a Bruce Springsteen explicar, con su característica y formidable sencillez, lo que significa para él estar presente cuando se sube a un escenario, en particular una noche de concierto en la popularísima *Super Bowl* —final del campeonato de fútbol americano profesional— de 2009: «Me preocupaba que pudiese estar *fuera* de mí mismo en vez de estar en el momento presente. Mi viejo amigo Peter Wolf me dijo una vez: "Lo más extraño que te puede pasar en el escenario es ponerte a pensar acerca de lo que estás haciendo". Es verdad. Observarse a distancia mientras haces el esfuerzo de vivir el momento es una experiencia desagradable. Me ha pasado más de una vez. Es un problema existencial. Cuando me pasa, hago lo que sea para acabar con ello: rompo la escaleta, cometo un error, cualquier cosa que me permita regresar *adentro*. Para eso me pagan, *¡para estar aquí ahora!* El poder, el potencial y el volumen de tu capacidad de estar presente es lo que promete el rock & roll. Ése es el elemento esencial que captura la atención de tu audiencia, que da forma y autoridad a la noche. Y cómo consigas llegar allí en cualquier noche dada es cosa tuya. *¿Estás vivo allí dentro?* Más te vale.

»Ya está. Uno, dos, tres caídas de rodillas frente al micrófono y estoy casi totalmente doblado hacia atrás en el escenario. Cierro los ojos un instante y cuando los abro sólo veo el cielo azulado de la noche. Sin banda, sin muchedumbre, sin estadio. Todo me rodea como una gran sirena pero como estoy tumbado no puedo verlos, sólo veo el magnífico cielo de la noche ribeteado con las miles de luces del estadio. Respiro profundamente unas cuantas veces y me invade la calma. Me siento profunda y felizmente DENTRO». Aquí, adentro, ahora. Sin concesiones, lleno de vida y naturalidad.

Haremos un repaso sumario de todos los acusados de propulsarnos *fuera*, desde la aprehensión hasta el deseo. Pero antes viajaremos por los vericuetos que los albergan, hasta las entrañas del cerebro inquieto, para ver con qué facilidad, con los ojos puestos en el futuro y en el pasado, se puede desperdiciar el latido diario, breve e irrepetible, de la vida que tenemos entre manos.

Lo demás son sólo excusas para no atreverse a ocupar con plenitud lo único que, por un tiempo breve, nos ha caído en suerte: el día a día de este momento presente.

EL CEREBRO INQUIETO

Sería extraño que los cien billones de neuronas apelotonadas en el cráneo humano no tuviesen un impacto brutal en nuestras vidas. De entrada el paisaje es sobrecogedor: campos infinitos de neuronas que se comunican entre sí a golpe de impulsos eléctricos, capaces de tender entre seiscientas y mil conexiones frágiles y parpadeantes con las otras neuronas que las rodean. Impresiona pensar en la belleza de esas cataratas de pensamientos y de sensaciones atravesando los millares de puentes de luz que conforman la rica red del cerebro humano. Estudios recientes exponen la similitud entre las redes de neuronas y las galaxias; el cerebro y el universo. Si pudiésemos contemplarlo sería sin duda un espectáculo extraordinario. Pero, como siempre, a las personas se nos escapa lo infinitamente pequeño y lo infinitamente grande; sólo vemos lo que tenemos delante de nuestras narices. Por eso tal vez nuestra visión no es tan amplia como podría.

Sabemos que nos movemos, reímos y lloramos gracias a este entramado. Todo está allí: las ideas, las construcciones, las sinfonías, las invenciones, los chismorreos, las tartas nupciales y las sensaciones —incluso las caricias que parecen brotar de una mano realmente nacen en nuestro cerebro—. ¿Y qué hacemos con este enorme potencial? Más a menudo de lo que imaginamos, el cerebro actúa por cuenta propia sin siquiera pedirnos opinión. Están, por ejemplo, los equipamientos de serie con los que la vida nos dota al nacer y que guían de forma automática buena parte de nuestros comportamientos, como el respirar o el latir del corazón. Estas funciones no necesitan que las activemos conscientemente. Tienen vida propia. Funcionan sin que nos demos cuenta.

Más allá de las funciones básicas y automatizadas de la vida, el cerebro tampoco cuenta demasiado con nuestro consenso, sino que se rige en función de patrones que buscan la supervivencia y el placer y que evitan cuidadosamente aquello que pueda estresarlo. ¿Parece un plan perfecto? No lo es, porque para el cerebro humano el mundo que lo rodea está lleno de potenciales fuentes de estrés y, en cuanto nos asaltan los millones de bits de información que conectan los estímulos y datos del mundo exterior con nuestro frágil mundo interior, el cerebro se enciende y nos pone en guardia. ¡Apenas podemos evitarlo! ¡Y resulta agotador!

Éste es el guión: cuando un pelotón de estímulos externos cualesquiera se presenta ante nuestros sentidos, su primer interlocutor en nuestro interior es una parte arcaica y compleja del cerebro llamada sistema límbico —es decir, la fuente primigenia de nuestras emociones—. Éste es el «tribunal» encargado de decidir, de un plumazo, qué es, o qué no es, seguro o placentero. Allí, ante este tribunal emocional y emocionado, se amontonan los millones de bits de información mientras se toma nota de las peticiones de estos bits invasores y se decide si conviene, o no, dejarles cruzar la frontera hacia los territorios más conscientes de la mente, en tierras de la amplia y admirada corteza cerebral humana.

¿Qué criterios rigen las decisiones del sistema límbico? Son criterios sencillos, prácticos, casi rudimentarios: si los bits de información se apelotonan torpe o ruidosamente, o si blanden algún tipo de arma en las manos, como una amenaza cualquiera o un fusil, entonces el cerebro entra en modo reactivo, es decir, da la señal de alarma y ordena la única estrategia que conoce: «¡Huye o ataca!». Es una reacción instintiva, emocional, visceral.

Por ello los historiadores del cerebro han apodado a nuestro sistema límbico «cerebro reactivo». Sólo aquello que no desconcierte, aburra o asuste al cerebro reactivo logrará traspasar la frontera de las emociones y penetrar en el territorio de la consciencia más racional.

¿Y cuánto tarda —se preguntará tal vez algún lector previsor, escarmentado por el recuerdo de los trámites burocráticos que tanto entorpecen nuestra vida diaria— que tarda este sistema límbico en tomar sus decisiones? ¿Está el cerebro tan atascado, y resulta tan ineficaz, como nuestro sistema judicial? No. Al contrario de lo que ocurre en nuestros juzgados, el sistema límbico está digitalizado y funciona con gran eficacia y rapidez. Tal vez se le podría reprochar ser tan veloz, tan reactivo que a veces carece de sutileza: en aras de la eficacia, se ha visto obligado a categorizar y dividir el mundo y sus consiguientes peligros y atractivos de forma un tanto rígida. Eso lo veremos más adelante, pero lo cierto es que, en cuanto a velocidad y capacidad resolutiva, el cerebro reactivo no tiene parangón en el mundo racional —aquel que se rige por decisiones meditadas y sopesadas, es decir, supuestamente racionales—, de hecho, se ha comprobado que las personas activan su cerebro reactivo ante imágenes desagradables, *incluso cuando las perciben de forma subliminal*, antes siquiera de que tengan tiempo de registrarlas conscientemente. Es un indicio más de esta batalla monumental, de la que hablaremos a lo largo de todo este libro, que se libra en la mente humana entre la conciencia racional y el inconsciente.

Ya hemos atravesado el umbral de la conciencia. Ya podemos pensar, soñar, elucubrar, imaginar. Y aquí, en los dominios de una corteza cerebral sofisticada y llena de posibilidades, se plantean problemas de una naturaleza muy distinta a los anteriormente enunciados. ¡Ahora sí que, por fin, podremos empezar a decidir! Sin embargo, nos van a abrumar unas funciones cerebrales tan sofisticadas que apenas sabemos cómo manejarlas. Es lógico: nadie nos dijo nunca cómo. Comemos, bebemos o nos reproducimos sin dificultad; pero los humanos hemos perdido la habilidad innata de comprender lo que se cuece en nuestro cerebro, de comprendernos a nosotros mismos.

Así, como se apuntaba anteriormente, la complejidad del cerebro humano es un arma de doble filo. Por una parte, somos tan flexibles y sutiles que creamos, soñamos e inventamos. Poseemos una creatividad extraordinaria. Podemos comunicarnos de forma sutil mediante metáforas y símbolos. Plasmar una naranja redonda y con volumen en un cuadro abstracto de dos dimensiones —todo resumido en un festín de color y forma— es fácil para la imaginación creativa de un ser humano, a cualquier edad. Por otra, las mismas capacidades que sirven para la creatividad amenazan nuestra estabilidad mental y emocional. A los demás animales su corteza cerebral menos desarrollada no les quita tanto el sueño, porque ni inventan peligros ni prevén cataclismos. A la cebra que come hierba en la sabana sólo la mueve la realidad palpable: por ejemplo, la carrera a vida o muerte ante el león hambriento. Y esa carrera sólo dura unos minutos, a diferencia de la capacidad de generar dudas e infelicidad del ser humano, que es casi inagotable. «Las cebras no tienen úlceras», asegura el científico Robert Sapolsky, que ha comprobado que las especies no humanas no temen las amenazas imaginarias. Por tanto, ni prevén las posibles amenazas, ni tardan en recuperarse de los peligros que atraviesan, aunque algunas especies, sobre todo en el ámbito doméstico, puedan sufrir depresiones y neurosis. Los humanos, en cambio, con su capacidad imaginativa, padecen física y emocionalmente con sólo imaginar cualquier peligro por remoto que sea. Es el precio que pagamos por nuestra desbordante imaginación humana.

Este complejo cerebro humano, tan propenso a viajar en el tiempo, a presentir y a temer, nos hace pues propicios a las enfermedades mentales, que abundan en nuestra especie. La conmoción del estrés y de la preocupación nos afecta, física, mental y emocionalmente, casi tanto si lo que tememos es real como si es imaginario. Por ello, en nuestra especie, no sólo son muy corrientes las enfermedades emocionales y mentales declaradas y diagnosticadas; el cansancio y la tristeza diarias también nos acompañan con suma facilidad por el mar de dudas y de temores que teje nuestro cerebro para atravesar la vida diaria; y suelen impedir que nos anclemos en el presente donde nos toca vivir.

ANCLARSE EN EL PRESENTE

«A menudo ayudo a las personas a vivir de manera más fluida. Cuando las relaciones personales se complican, o cuando sentimos dolor, puede que sea porque nos hemos quedado *atrapados en el tiempo*. Por ejemplo, si te quedas atrapado en el futuro, puede que estés obsesionado por lo que está a punto de ocurrir, por lo que podría ocurrir y entonces te embarga la ansiedad y el temor. Cuando nos atrapa la ansiedad, los pensamientos se disparan, la mente ensaya cientos de posibilidades distintas para intentar adivinar todo lo que podría ocurrir en el futuro inmediato.

»O puede que estemos atrapados en el pasado, en algún tiempo añorado que ya pasó, en aquello que nunca nos dieron y que echamos en falta, en una relación que fracasó, y nos invade la depresión o la soledad. El pasado también te atrapa con sus pasadas injusticias, abusos o pérdidas, y sientes ira, deseos de venganza o tristeza. No es que no tengamos que tener recuerdos del pasado, o esperanzas y temores acerca del futuro... No, más bien se trata de evitar ser presos del tiempo pasado o futuro. Se trata de vivir plenamente en el presente, en el aquí y el ahora. Es aquí, en el presente, donde están nuestros cuerpos, donde vivimos. Creo firmemente que aprender a vivir de forma deliberada y centrada en el presente es algo fundamental, una de las claves para la felicidad y la plenitud.»

Lo dice Kenneth Stewart, un psicoterapeuta norteamericano cuyo trabajo descubrí por casualidad. Me pareció muy clara su exposición de cómo nos enganchamos a las aristas de la vida casi sin querer. Sólo con comprenderlo, muchas personas lograrían desembarazarse de numerosos lastres del pasado y del futuro. Un buen terapeuta —pensé— es quien logra llegar a la esencia de las personas y mover lo que allí se erige, inamovible, aunque ni nos demos cuenta de ello. Y es que en el terreno fértil y abonado de la mente humana brotan las semillas que jalonan la vida diaria: deseos, fantasías, expectativas, temores, miedos y lealtades... Ésa es la vida que se nos lleva por delante mientras estamos vivos. Todo lo que allí se mueve es una fabulación inconexa, un espejismo sin fuerza. En ese mundo imaginario sólo cabe batirse contra los molinos de viento. Lograr bucear en esta vida oculta e intensa forma parte inevitable del camino de transformación y de descubrimiento del día a día. Comprender las razones visibles e invisibles que propician el deseo y el miedo, urgente y poderoso, es el siguiente e ineludible paso para empezar a ser dueños del presente.

Porque, cuando damos la espalda al espacio limitado que nos ha tocado vivir, dejamos de existir. En nuestras vidas cuelga un cartel: ausentes. Son las trampas del presente.

Uno de los mitos más familiares del mundo, la historia de Adán y Eva, lleva implícita la percepción paradójica y humana del deseo. Hace un día radiante. Eva está en el paraíso, bajo un manzano, desnuda y enamorada; Adán, a su lado. Han disfrutado de una mañana soleada en un lugar paradisiaco haciendo lo que haría cualquier pareja sensata en su lugar: nadar, dormir, reír, hacer el amor. Y ahora, lógicamente, tienen hambre y quieren comerse una manzana. ¿Por qué algo tan sensato y natural como el deseo habría de abrir las puertas del infierno? ¿Por qué su satisfacción entraña para la mente humana el miedo a las represalias? ¿Por qué la vida, cuando es muy dulce, parece transgredir las leyes naturales? Las respuestas a estas preguntas se alojan en las entrañas del deseo y del miedo y en su impacto en nuestra vida diaria.

Nos movemos entre el deseo y el miedo. El deseo nos atrae hacia determinados estímulos y el miedo, en cambio, nos incita a mantenernos alejados de potenciales amenazas. Uno nos lleva a elucubrar e inventar; otro, a juzgar y categorizar. Son los dos polos principales del sistema de supervivencia del cerebro.

Es sencillo describir la naturaleza del deseo: el deseo es, simplemente, el mejor indicio de que estamos vivos. La vida se teje a golpe de deseos. Forman parte del bagaje básico de supervivencia: incitan a comer, a mantener relaciones sexuales, a trabajar, a hacer todo aquello que nos permita seguir vivos. El deseo sólo asoma cuando palpita una necesidad. Deseo y necesidad están intrínsecamente ligados. Si tengo hambre, desearé comer para poder saciar mi hambre; si necesito sentir el afecto de otros, desearé el abrazo de alguien que me muestre amor.

El deseo es agradable porque produce placer. Aquí entra en juego la gratificación, que activa los circuitos de recompensa del cerebro y nos hace sentir el anhelado placer. El placer es un gran motivador, pero afortunadamente el cerebro lo administra con cautela. Si comer un helado de chocolate —como sugieren tantos anuncios— proporcionase horas de placer, podríamos estancarnos en esa actividad de forma peligrosa en ausencia de otra clase de estimulación y vínculos afectivos.

¿Y cuáles son nuestras necesidades básicas, las que dictan nuestros deseos? El psicólogo Abraham Maslow plantea en un esquema clásico una pirámide de necesidades que abarcan desde los instintos biológicos básicos hasta las búsquedas espirituales. Concretamente, propone que tenemos necesidad de seguridad física, de comida y sexo, de seguridad emocional y de afecto, de utilizar la mente y la creatividad, y de autorrealizarnos a través de la transcendencia, de la búsqueda de algo más allá de nosotros mismos. Ciertamente, cualquiera puede comprobar que sus deseos no sólo se limitan a saciar necesidades físicas, sino que también pueden incitar a leer, a escuchar, a aprender, a descubrir nuevas fuentes de conocimiento. Por ello, no sólo nos gratifican actividades físicas obvias

—como la comida o el sexo—, sino también lo que el cerebro consciente cree que llegará a ser beneficioso; por ejemplo, la persecución de retos a medio o largo plazo, como la búsqueda de una pareja, educar a un niño, construir una casa o escribir una sinfonía.

En resumen, buscamos, mediante la satisfacción de nuestros deseos, saciar distintas necesidades: físicas, emocionales, intelectuales, trascendentales. Cuando alimentamos estas necesidades, sentimos satisfacción y placer; cuando las ignoramos, sentimos frustración, carencias y la sensación de estar incompletos. Hasta aquí, todo claro.

El siguiente paso complica esta estampa meridiana. Imaginemos que logramos cumplir un deseo. Aunque podemos sentir placer y seguridad cuando atendemos una necesidad básica, por definición la vida es fluida y ninguna experiencia es estable. Todas las experiencias cambian, nada es estático: las personas que amamos, nuestros estados de ánimo, nuestros cuerpos, nuestros trabajos, el mundo que nos rodea... No podemos aferrarnos a nada en absoluto: una puesta de sol apenas dura unos minutos; un sabor agradable se disipa en segundos; un momento de intimidad con alguien querido, nuestra propia existencia... Todo es pasajero. Cada cumbre, cada clímax implica el principio de un nuevo final. Siempre hay que volver a empezar. No es un problema de índole filosófica; es algo real y palpable. Todo lo bueno se acaba.

Por tanto, la felicidad —entendida como la consecución de los deseos, la búsqueda del placer— no puede darse de forma sostenida en el tiempo. Cada cumbre, cada ola de placer o de felicidad llevan impreso en su existencia su inevitable declive. El problema no es el deseo en sí, sino llegar a aceptar que su gratificación es, siempre, inestable, pasajera.

Y aún más: el ser humano tiene muchos deseos más difíciles de saciar que los de los demás seres vivos. Ellos tienen una vida más basada sobre lo instintivo y en lo emocional; los humanos lidiamos, en cambio, con emociones mezcladas debido a la gran capacidad cognitiva del cerebro humano. Podemos sentir a la vez alegría por emprender una vida en una ciudad extranjera y pena por dejar a la familia, curiosidad por un nuevo trabajo y aprehensión por fracasar. Asimismo, un deseo puede saciar una necesidad y agravar o contradecir otra. Por ejemplo, puedo desear tener una aventura con un vecino pero sentirme mal porque engaño a mi pareja. Puedo desear comerme todo el pastel de queso pero temer el sobrepeso. Puedo desear aceptar un trabajo apasionante pero sufrir por el tiempo robado a mi familia. Cada deseo humano suele implicar una elección; es decir, una pérdida. Cada vez que priorizamos relegamos un poco los demás deseos, las demás necesidades.

Tal vez por ello las grandes religiones han tendido a recalcar que la vida es inherentemente insatisfactoria. ¿Significa esto que la vida es una fuente de sufrimiento? Rotundamente, no. Aquí es donde muchas religiones han confundido a sus fieles y contaminado la visión de millones de personas en la búsqueda lógica de la plenitud y la felicidad. Han confundido los síntomas con la enfermedad.

Pongamos que en el mejor de los mundos nuestras necesidades básicas pudieran ser satisfechas. Encontraríamos un placer tal vez pasajero, pero auténtico. Sin embargo, lo cierto es que muchos deseos se topan con un muro de incomprensión y de frustración. Podemos desear amar, pero ¿y si nadie parece querer o poder satisfacer esta necesidad? Podemos desear trabajar, pero ¿y si todos los trabajos resultan ser callejones sin salida? Un placer puede reemplazarse por otro. Pero una necesidad profunda no desaparece: sigue allí, insatisfecha, a la espera de que algo o alguien la sacie.

Cuando la necesidad básica de sentirse amado y vinculado se frustra, desarrollamos estrategias automáticas para conseguir alguna forma de gratificación alternativa: llamar la atención de los demás, ganar dinero, acumular poder, desplegar talento... Algunas personas desarrollan adicciones a la comida, al tabaco o a las drogas. Estos deseos sustitutos pueden ser más o menos edificantes, más o menos peligrosos o anodinos. Sean cuales sean, ofrecen alguna forma de gratificación alternativa y calman el miedo y la ansiedad generados por la necesidad frustrada. Cuanto mayor es el pozo de las necesidades insatisfechas, más compulsivos serán los deseos sustitutos. Finalmente esos deseos —y el consiguiente miedo a no poder satisfacerlos— se tornan dolorosos. Así, por ejemplo, el deseo de encontrar pareja puede empujar a establecer una serie de relaciones promiscuas y ansiosas; y un trastorno alimentario puede estar saciando la frustración afectiva. De esta manera, un deseo fijo, constantemente frustrado, se vuelve desesperado e incontrolable.

Cuando el deseo es ingobernable, ya no es posible disfrutar del presente, del día a día. El deseo obsesivo y ansioso lleva a las personas a atravesar la vida en un túnel, sin que puedan disfrutar de lo que tienen alrededor porque están a la búsqueda febril de algo que calme su angustia. Los pequeños placeres de la vida diaria ya no son suficientes porque las necesidades frustradas requieren una anestesia más fuerte o una estimulación más potente.

El problema se agrava cuando los recursos que usamos de manera habitual para saciar nuestras necesidades profundas se convierten en una parte íntegra de quienes creemos ser. La persona que come demasiado, la persona que compite incansablemente, la persona que quiere agradar, esa persona soy *yo*. A medida que las personas se pierden en el frenesí de una vida dedicada a perseguir los placeres sustitutos, pierden el contacto con sus necesidades más profundas, más auténticas. Pierden el sentido de quiénes son ellas de verdad. *Yo no soy mi deseo, yo no soy mi carencia:* el deseo, y en particular el deseo insatisfecho, sólo es problemático cuando invade el sentido profundo de quienes somos. Los niños, en cambio, desde su inocencia radical, expresan con claridad sus necesidades básicas: las físicas, las emocionales, las intelectuales, las trascendentales. No las viven como una debilidad sino como una manifestación natural de su ser esencial. Sólo aprenderán a temerlas cuando empiecen a experimentar que no siempre es fácil o posible saciarlas.

Intuitivamente, nos ponemos en guardia cuando el deseo azota. El cerebro proyecta de forma inmediata el patrón habitual de nuestros deseos más persistentes y, por tanto, más frustrantes. ¡Otra vez!, advierte ante el posible desastre. Otra vez solo, otra vez abochornado, otra vez fracasado, otra vez... ¿Cómo romper el círculo vicioso? La pregunta clave es simplemente ésta: ¿cómo me relaciono con mis deseos? Se trata de comprender de dónde proviene su fuerza. Para ello, no hay que luchar contra los deseos. Se emplea demasiada energía en avergonzarse de los mismos, en frenar ese torrente. La negación del deseo no lo impide, sino que le da incluso más importancia de la que tiene. Es preferible dejarse traspasar por el deseo, y también por el miedo a no satisfacerlo, para poder observar su trayectoria. Se trata de hacer una pausa suficiente para poder conectar y comprender qué lo mueve, sin resistencia, como si se contemplase desde una perspectiva protegida, una lluvia de meteoritos en una noche estrellada; rendirse ante el misterio del deseo, responder a su llamada, comprender su causa. El deseo es sólo un fenómeno pasajero, la punta del iceberg de algo mucho más profundo.

«Aunque agarrarse a lo que deseamos forme parte de nuestros condicionamientos, nos ciega a nuestras necesidades más profundas y nos mantiene aprisionados en el deseo. La libertad empieza cuando hacemos una pausa y prestamos atención serena a nuestra experiencia», dice la psicóloga Tara Brach. Para ello, recomienda concederse cada día una breve pausa en el ajetreo diario: «Una pausa es una suspensión de la actividad, un tiempo de distanciamiento temporal en el que dejamos de movernos hacia una meta cualquiera. Dejamos de preguntar: "¿Qué hago ahora?". La pausa es un momento de libertad que puede acaecer en medio de cualquier actividad. Cuando hacemos una pausa, simplemente dejamos de hacer lo que estábamos haciendo —pensar, hablar, escribir, planificar, preocuparse, comer— y conseguimos estar presentes, atentos y, a menudo, físicamente quietos. Puedes intentar hacerlo ahora mismo: deja de leer y quédate allí, sin hacer nada, simplemente atento a la experiencia presente».

Tara Brach también recomienda aprender a distinguir entre el deseo y la necesidad con el siguiente ejercicio: «Piensa acerca de un hábito de tu vida en el que te sientas dominado por tus carencias. Puede ser la comida, el tabaco, el alcohol, el sexo, criticar, la afición a los juegos de ordenador, el trabajo o las compras compulsivas. Decide practicar durante una semana la pausa como respuesta a estos deseos compulsivos.

»Cuando hagas la pausa, quédate quieto y presta mucha atención a la naturaleza de tu deseo. ¿Cómo se siente tu cuerpo cuando el deseo es fuerte? ¿Dónde sientes el deseo con más fuerza? ¿El deseo y la carencia están en el estómago? ¿Es un mariposeo en el pecho? ¿Te duelen los brazos? ¿Te parece que el futuro te arrastra? ¿Está la mente agitada y veloz? ¿O lenta y aburrida? Observa si esta experiencia se modifica tras unos momentos, más o menos un minuto, de pausa. Pregúntate: "¿Qué me falta ahora mismo?". Y escucha sin juzgar, desde el corazón. Si cuando termine esta pausa decides ceder al deseo compulsivo, hazlo lentamente y con plena conciencia. ¿Sientes tensión o emoción, te estás criticando, tienes miedo? Fíjate, con una atención clara y compasiva, en las sensaciones, las emociones y los pensamientos que surgen ahora».

Regresamos finalmente a las preguntas con las que iniciábamos el presente apartado: ¿por qué algo tan sensato y natural como el deseo habría de abrir las puertas del infierno? ¿Por qué su satisfacción entraña para la mente humana el miedo a las represalias? ¿Por qué la vida, cuando es muy dulce, parece transgredir las leyes naturales?

Los mitos universales, como el de Adán y Eva, sólo reflejan la realidad tal y como la experimentamos de forma inconsciente. El deseo vive una existencia contradictoria en nuestro interior: por una parte, nuestra sociedad nos incita a generar y saciar los deseos de forma compulsiva, pero también nos susurra que es egoísta y hedonista entregarse a los mismos. Se supone que tenemos que trascenderlos, que atornillar la intensidad de las pasiones porque nos alejan de una idea de la humanidad muy peculiar: un mundo irreal, donde el deseo se siente sólo en relación a los objetos adecuados; si no, se niega y se desmiente. Es un mundo, por ejemplo, donde las vírgenes tienen hijos, pero ni aman ni envejecen. Hay imágenes y leyendas que niegan la realidad compleja de la vida y de las necesidades que nos habitan. Cuando nos educan para desconocer y temer nuestras necesidades más profundas, al final nos convertimos en nuestros propios opresores.

La inocencia no implica ni represión ni eliminación de los deseos. Si los barremos hasta el inconsciente pasan a ocupar un lugar donde se tornan sigilosos y compulsivos. Hay que desenmarañar los deseos para poder dar respuesta a las necesidades profundas con alegría, compasión e inteligencia. Si los negamos de plano y nos parapetamos frente a la vida experimentaremos un sufrimiento no sólo doloroso sino absolutamente estéril.

Nada de lo anterior dibuja el horizonte de una vida cómoda. La maraña de necesidades y deseos que nos habita no suele serlo. Decía el escritor británico D. H. Lawrence: «Las personas no son libres cuando hacen sólo lo que quieren. Las personas sólo son libres cuando hacen lo que su ser profundo quiere. ¡Y cuesta llegar a conocer este ser profundo! Requiere bucear hasta lo más profundo una y otra vez». Como tantas personas que vivieron apasionadamente, Lawrence recibió críticas feroces a lo largo de su vida y tras su muerte. Su amiga Catherine Carswell respondía con estas palabras a ellas en un obituario: «Frente a las grandes desventajas iniciales, a la pobreza en que se mantuvo durante las tres cuartas partes de su vida y a la hostilidad que sobrevive a su muerte, él no hizo nada que realmente no quisiera hacer, y todo lo que más quiso hacer lo hizo. Viajó por todo el mundo, fue dueño de un rancho, vivió en los rincones más hermosos de Europa, conoció a quien quería conocer y les dijo que estaban equivocados y que él estaba en lo cierto. Pintó, cantó y cabalgó. Escribió alrededor de tres docenas de libros, de los cuales incluso la peor página baila con una vida que no puede negarle, aunque le parezca equivocada, cualquier otro hombre, mientras que las mejores son reconocidas, incluso por aquellos que lo odian, como insuperables... Tiempo después de que sean olvidadas, la gente sensible e inocente —si queda alguna— volverá a las páginas de Lawrence y sabrá a partir de ellas qué tipo de hombre excepcional fue».

Lawrence, como tantos hombres y mujeres a lo largo de tantos siglos, tal vez no fuera plenamente consciente de que su búsqueda intensa aportaría comprensión y belleza a tantas personas. Probablemente pasó de la fantasía a la acción, de la oscuridad a la revelación, a tientas, sin apoyo, con pasión.

Las fantasías, un indicador útil de la intensidad con que vivimos

Ha dejado de sorprenderme, pero durante un tiempo me pareció muy llamativo, que personas aparentemente equilibradas y satisfechas pudiesen dedicar tanto tiempo en sus vidas a crear fantasías. No es algo de lo que las personas hablen con facilidad, porque existe un pudor aprendido para enterrar determinadas fantasías, para sumergirlas en el fondo de la mente, donde los demás no tienen acceso. Pero las fantasías pueblan las vidas, en mayor o menor medida, de la inmensa mayoría de las personas. Son hermosas y tentadoras, sobre todo allí donde el mundo real es yermo.

Hay muchos tipos de fantasías. Está, en primer lugar, el mundo paralelo que fabricábamos cuando éramos pequeños: un mundo inventado que nos permitía evadir los límites de la vida diaria y ensayar el futuro. El mundo fantasioso de la niñez vive a la espera de poder acceder al mundo secreto y poderoso de los adultos. Cuando al fin llegamos a este mundo adulto, no tenemos más remedio que enfrentarnos a sus limitaciones, las cuales no poblaban nuestras fantasías infantiles: allí el mundo real, con sus límites estrechos, casi ni existía.

Así como el mundo de las fantasías infantiles cumple una función claramente necesaria —en el juego y en la fantasía el niño ensaya su maestría para enfrentarse a la vida «real»—, el mundo de las fantasías adultas es más compensatorio. Están, por ejemplo, las fantasías que mantienen vivo el recuerdo de lo que supuestamente pudo ser y no fue. Suelen ser fuente de melancolía en nuestras vidas, un cajón cerrado donde guardamos las oportunidades perdidas, los desamores, las amistades truncadas... Aunque cueste admitirlo, mucho de lo que allí vive es imaginario, reconstruido, adaptado: pequeñas mentiras piadosas que suavizan lo que, supuestamente, perdimos.

Otras fantasías sirven sobre todo para compensar determinadas carencias vivas. Tal vez por ello se admite que las fantasías sexuales son necesarias, ya que en este ámbito, con razón o sin ella, las personas admiten la distancia que suele mediar entre lo soñado y lo real.

Existen otras frustraciones, con sus correspondientes fantasías, un mundo del que casi nunca se habla. Es un mundo paralelo y secreto, pegado como una sombra a la existencia diaria de tantas personas. Como me contaba un amigo recientemente: «... necesito contarme historias fantasiosas a mí mismo. Unas veces toco en un grupo de músicos de jazz, otras viajo y me encuentro a una desconocida interesante... Otras mantengo conversaciones irreales y brillantes conmigo mismo y una interlocutora imaginaria. A veces me paso el día entero así».

Hay una buena dosis de resignación en esta confesión. Nadie tiene una vida perfecta, siempre existe un área, o varias, donde en un momento dado, o tal vez siempre, las cosas dejan mucho que desear. La fantasía ayuda a ensanchar los límites adustos de la vida real. La capacidad imaginativa humana, tan pronunciada, ayuda en este empeño porque permite que apenas nos demos cuenta de la diferencia entre una buena fantasía y un hecho real. Esto, en el fondo, es un regalo que permite que nuestras mentes puedan ser creativas sin que se produzcan frustraciones. Y quienes evitan tajantemente las fantasías compensatorias suelen pagar el precio con una vida seca y frustrante.

Pero las fantasías son también un indicador muy útil para detectar en qué ámbitos nuestras vidas son insatisfactorias. Si la fantasía pasa de ser un pasatiempo divertido para pasar a formar una parte fundamental del presente, lo hará en detrimento de la vida real. Cuando esto ocurre, la fantasía compensatoria puede invadir el presente como una hiedra y ahogar el árbol que la sujeta. Se convierte así en una excusa tentadora para evitar los retos de aquello que anhelamos en secreto: las fantasías eluden el fracaso o, a veces, la victoria.

Hasta aquí hemos visto unas pinceladas del hermoso paisaje contenido en un cerebro inquieto que por sí solo tiende a divagar, prevenir, temer y desear. Pero ¿podemos utilizar la extraordinaria capacidad fabuladora del cerebro para inventar cosas bellas y serenas que nos afecten de forma positiva? Sí, pero sólo consciente y deliberadamente. A continuación veremos cómo algunas personas consiguen lo que hasta hace muy poco nos parecía imposible: domar sus emociones para ocupar con plenitud y serenidad el espacio presente de la vida que, como sugiere este poema del naturalista David Whyte, nos toca habitar.

Suficientes. Estas palabras son suficientes.
Si no estas palabras, entonces esta respiración.
Si no esta respiración, entonces estar aquí sentado.

Este abrirse a la vida
que hemos rechazado
una y otra vez
hasta ahora.

Hasta ahora.

LOS DONES DEL PRESENTE: LA SERENIDAD

Cuando era niño, Yongey Mingyur Rinpoche sufría intensos ataques de ansiedad. Si un psiquiatra infantil hubiera podido llegar hasta el minúsculo pueblo de Nepal donde pasó su infancia, probablemente le hubiese diagnosticado un desorden de ansiedad y le hubiese recetado medicación para influir sobre su bioquímica cerebral. Su familia lo embarcó, en cambio, en la realización de un curso de tres años para aprender a meditar.

La comprensión del cerebro, hasta 1999, estaba lastrada por una premisa falsa, aunque básica en el campo de la neurociencia, que aseguraba que el cerebro de los adultos mamíferos era invariable: no nacían nuevas neuronas ni podían alterarse las funciones de sus estructuras. Sólo se admitía hasta entonces que en los niños y los jóvenes sí se realizaban el fortalecimiento o la poda de las sinapsis cerebrales —las conexiones entre neuronas—, pero se creía que no era posible expandir la región encargada de una función mental específica ni alterar las conexiones entre estas regiones.

Ambas ideas eran erróneas.

El cerebro, en realidad, es como las dunas de una playa en las que se imprimen las huellas de nuestros actos, de nuestras destrezas acumuladas, de nuestras decisiones. Y también, según se ha descubierto en los últimos años, de nuestros pensamientos. Sólo con imaginar que tocamos el piano provocamos un cambio físico en la corteza motora del cerebro. Esta cualidad, que se denomina neuroplasticidad, implica que las estructuras cerebrales no están limitadas por funciones determinadas por la genética encriptada en el ADN y por el entorno de la niñez.

Es una gran noticia —una de las más esperanzadoras en muchas décadas—, porque abre la puerta a la posibilidad de que las personas puedan evolucionar y transformarse. ¿Qué datos refuerzan este descubrimiento? Desde finales de la década de 1990 se viene comprobando que todas las zonas cerebrales a las que se había atribuido algún aspecto del procesamiento de las emociones también pueden relacionarse con el pensamiento. El proceso cognitivo implica el proceso emocional, por lo que las emociones y la cognición son inseparables.

En la actualidad el trabajo de Richard Davidson, un prestigioso neurocientífico de la Universidad de Wisconsin, Estados Unidos, y el de otros científicos, está siendo decisivo para comprobar hasta qué punto es posible la reeducación emocional: «El entrenamiento se considera importante para aspectos como la fuerza, la agilidad física, la habilidad atlética y la capacidad musical. Todo, menos las emociones», remarcó Davidson cuando empezaba a investigar.

Davidson señaló entonces algo fundamental: así como en el siglo pasado se avanzó a pasos agigantados y se logró mejorar las tasas de supervivencia y de calidad de vida —en el plano físico—, ahora, a principios del siglo XXI, estamos ante el mismo reto en el aspecto mental —y, por tanto, emocional— de las personas. Estos conocimientos podrán cambiar premisas erróneas acerca de la mente humana que afectan todos los campos, desde la medicina hasta la educación. La pregunta que se formuló entonces Davidson fue la siguiente: si es posible la reeducación emocional de las personas, tal y como muestra la ciencia, ¿qué medios y qué caminos son los más indicados para ello?

LA REEDUCACIÓN EMOCIONAL

En Occidente las estrategias para modificar el comportamiento humano se han centrado en el uso de agentes externos, como la farmacología, en vez de en el entrenamiento mental. Las reticencias son claras y hasta cierto punto comprensibles: hemos asociado el entrenamiento mental al mundo religioso o espiritual. Pero ni siquiera en esos ámbitos específicos hemos desarrollado verdaderos métodos de entrenamiento mental, de meditación, al menos no de la forma meticulosa ni con dedicación presente en las tradiciones orientales. Por ello, Davidson estableció un acuerdo de colaboración con distintos monjes budistas, expertos en técnicas de meditación, y comparó en el laboratorio su actividad con la de personas no entrenadas en dichas técnicas.

¿Cómo puede comprobarse que una parte del cerebro puede gestionar o filtrar la actividad emocional? La amígdala —el centro emocional instintivo del cerebro— arroja reacciones ansiosas e impulsivas; otra parte del cerebro permite una respuesta más adecuada y correctiva —concretamente, los lóbulos frontales, que se encuentran justo detrás de la frente (todo lo que cubre la mano si apoyo la frente en ella)—. Esta corteza prefrontal parece entrar en acción cuando alguien siente miedo o rabia pero logra contener o controlar el sentimiento, originando una respuesta más analítica o apropiada ante los impulsos emocionales. Así, una emoción entra en acción, momentos después de que la corteza prefrontal evalúa la relación riesgo/beneficio de muchas posibles reacciones y apuesta por la que considera mejor. La corteza prefrontal izquierda, concretamente, forma parte de un circuito nervioso que puede desconectar, o al menos mitigar, los arranques emocionales negativos, salvo los más intensos, aquellos que parecen cuestión de vida o muerte. En estos casos el cerebro parece decidir que no hay tiempo para pensar racionalmente (por ejemplo, si salgo de casa y un coche está a punto de arrollarme, el cerebro toma el mando, decide por mí y me tira hacia atrás).

El día de su participación en uno de los experimentos de Richard Davidson —que ya ha acumulado, a lo largo de muchos años, cientos de datos de personas de diversas procedencias—, el viejo lama Rinpoche parecía inmune al estruendo del imán que colgaba sobre su cabeza. Encajado y estirado en algo parecido a un sarcófago o a un estrecho y claustrofóbico tubo de habano gigante, sonreía con serenidad mientras obedecía las órdenes del técnico: «Medite» —durante 60 segundos—, «Deje de meditar» —durante 90 segundos—, «Medite», «Deje de meditar»... y así sucesivamente, en un entorno artificial que hubiese exasperado, o al menos distraído, a cualquiera. Los datos de Richard Davidson confirman una tendencia generalizada en distintos estudios: las personas más negativas tienden a activar el lóbulo prefrontal derecho; y las más positivas, el izquierdo. En general, las personas duchas en meditación consiguen activar por encima de la media los centros cerebrales que ponen en marcha las emociones más positivas y muestran más capacidad de control sobre sus emociones negativas. Matthew Ricard, hasta el momento la persona con la actividad cerebral más elevada en el área izquierda prefrontal de todos los participantes, con una puntuación absolutamente excepcional.

Un inciso: las emociones negativas activan el lado derecho del área prefrontal, y las positivas activan el lado izquierdo. Las personas con tendencia a activar la parte derecha tienden a la depresión y la ansiedad; los que suelen activar más bien la izquierda logran en general recuperarse mejor de los problemas. Por cierto, aunque nuestro humor varía, solemos regresar a lo que se denomina el *punto nodal de la felicidad*. Así, aunque nos toque la lotería, o atravesemos una ruptura sentimental, al cabo de un tiempo regresamos a nuestro punto de equilibrio personal, sea éste más bien positivo o más bien negativo. No obstante, desde el año 2004, Richard Davidson ha comprobado que el punto nodal emocional también es móvil y plástico: es decir, podemos influir sobre la tendencia negativa o positiva de este punto nodal. Basta con aprender a entrenarlo.

Otros dos estudios, llevados a cabo en la Universidad de California-UCLA en 2007, combinaron la neurociencia moderna con enseñanzas budistas milenarias y mostraron por qué la meditación —la habilidad de vivir en el momento presente, sin distraerse— es beneficiosa. Según David Creswell, que formó parte del equipo de investigadores, anteriormente ya se había comprobado repetidamente que la meditación resulta eficaz para reducir el dolor crónico de distintas enfermedades e incluso para modificar el perfil bioquímico de pacientes, pero «... por primera vez estamos aplicando principios científicos para intentar comprender *cómo* funcionan estas técnicas. Hemos visto que, cuanto más concentrado estás, menos activas la amígdala... y también hemos detectado en las personas que meditan actividad en los centros de la corteza prefrontal. Esto sugiere que la meditación activa recursos prefrontales para calmar la amígdala. Esto puede ayudar a explicar los beneficios para la salud que se derivan de la meditación y sugiere, por vez primera, una razón de peso por la cual los programas de meditación mejoran el humor y la salud».

Estos experimentos, y otros que se llevan a cabo en diversos laboratorios del mundo, muestran claramente el poder de la meditación como una de las herramientas más eficaces que conocemos a día de hoy para reeducar las emociones.

La meditación que pretende lograr la concentración de la mente es muy popular en el sureste asiático y en otros puntos del planeta. Su origen se remonta a las enseñanzas budistas de hace dos mil quinientos años. Una de las técnicas de meditación más habituales es la que se denomina «atención plena o *mindfulness*». Se trata de una técnica por la que la persona se centra en sus emociones, sus pensamientos y sus sensaciones físicas —como, por ejemplo, la respiración— sin juzgarlas y sin reaccionar a ellas. La persona simplemente deja fluir sus pensamientos y sus sensaciones y se deja traspasar por ellos, sin oponer resistencia. «Una de las formas de practicar la concentración plena y de prestar atención al presente es poner una etiqueta a las emociones; decir, por ejemplo: "ahora estoy enfadado" o "siento mucho estrés ahora"», dice Matthew Lieberman, profesor de psicología de la Universidad de California, uno de los autores de un estudio que demuestra que nombrar las emociones consigue calmar el centro de alarma de la amígdala que desata las emociones negativas.

Los datos más recientes también revelan que aprender a meditar no es tan ajeno a nuestra cultura occidental como solemos creer, ni tampoco resulta tan complejo de aprender. Por una parte, no hace falta que la meditación se aprenda en un contexto religioso o espiritual. Sus beneficios también los alcanzan quienes simplemente buscan activar los mecanismos neuroquímicos que facilitan la gestión emocional. Por otra parte, los cambios más impactantes en el punto nodal de felicidad se presentan en los primeros tiempos de la práctica de la meditación. Unas semanas o unos meses ya aportan resultados importantes: Richard Davidson, por ejemplo, ha obtenido resultados rápidos y prometedores que muestran un desplazamiento del punto nodal hacia la parte izquierda en personas que trabajan en empresas competitivas a las que se ha enseñado a meditar.

Aunque probablemente resulte más cómodo y riguroso aprender las técnicas de meditación mediante audio o clases específicas, se puede realizar un primer acercamiento en casa, tras leer estas indicaciones, para aprovechar la oportunidad de aprender una técnica tan sencilla como eficaz que ayuda a vivir el presente en plenitud.

Para concentrarse y relajarse, la forma de respirar es fundamental. Por ello, es importante centrarse en respirar con tranquilidad. La respiración es útil además porque permite centrarse en algo concreto y no dejarse llevar por la fuerza de los pensamientos. Éste es un primer intento básico para conseguir sentir los beneficios de la meditación. Se trata de fijarse en las características de la respiración, en cómo el aire fluye desde la nariz, en cómo se levantan el pecho y el abdomen con cada inhalación.

La mente tiende a perderse en pensamientos molestos. No hace falta luchar contra los pensamientos, sino reconocerlos sin dejarse invadir por ellos, sin meterse en su guión. Hay que distinguir entre uno mismo y sus pensamientos. Cuando los pensamientos se presentan, se pueden anotar mentalmente: «pensamiento». Si lo que nos distrae es un ruido, se puede anotar mentalmente: «ruido». Sin juzgar, la atención se centra de nuevo en la respiración: la respiración es ahora el centro, como volver a casa.

Si alguna sensación es muy fuerte, uno puede centrarse en esa sensación, en lugar de la respiración. Se trata de ser consciente de lo que a uno le invade: el calor, un dolor, una vibración, un músculo incómodo; y de atender esa sensación plenamente, y fijarse atentamente en cómo se transforma. Cuando la sensación se vuelve menos intensa, o si, al contrario, se recrudece, basta con centrarse de nuevo en la respiración.

De la misma forma, quien medite puede concentrarse no sólo en las sensaciones físicas, sino también en las mentales y las emocionales: un miedo, una alegría, un dolor. Se puede dar la bienvenida a esta emoción con calma, fijarse en qué parte del cuerpo la siente, qué fuerza tiene, cómo cambia a medida que se acepta plenamente, sin juzgarla, sin rechazarla. ¿Se convierte la ira en tristeza? ¿Se convierte la alegría en serenidad? Cuando la emoción sea menos intensa, o si, al contrario, es demasiado intensa, convendrá entonces volver a la respiración.

No importa tanto qué sensaciones o qué emociones sentimos cuando meditamos como aumentar paulatinamente la capacidad de estar en contacto con esas emociones sin perderse en ellas, sin confundirse a uno mismo con algo pasajero, inestable.

El psicólogo Joan Garriga describe los beneficios que aporta la meditación de esta manera: «Si ahora pudiéramos poner todo en suspenso, todas nuestras ideas acerca que quiénes somos o de qué hacemos, o de los padres que tenemos, de nuestros hijos, y quedarnos en un silencio absoluto, ¿qué queda? El latido, la presencia, el ser, el vacío. Una manera de trabajar es acercarse a este vacío donde no existen el bien y el mal; simplemente existe la vida desplegando sus formas. Te conviertes en alguien contemplativo que no juzga a nadie, sino que trata de hacerle un hueco a todo el mundo. Creo que es el fruto que obtienen las personas que meditan: se anclan en un lugar que ya no tiene tanto que ver con si nuestros padres fueron buenos o malos, si nuestra pareja nos quiere o no nos quiere. En este lugar hay una gran aceptación».

En Occidente tendemos a sobreprotegernos en lo físico y a abandonarnos en lo emocional. Pero las emociones que pueblan nuestras vidas y conforman todo tipo de formas de expresión —palabras, comportamientos, sentimientos—, necesitan, como todos los ámbitos de la personalidad y de las destrezas humanas, entrenarse para dar lo mejor de sí mismas. Tanto en lo emocional como en lo físico y lo intelectual, abandonarse a la suerte no es una alternativa viable. Encontrar las maneras de ocupar el presente con serenidad es, para la mente y para las emociones, algo tan indispensable como para el cuerpo mantenerse erguido y aprender a caminar.

II

El conflicto

Esto me ayuda a vivir: comprender la maldad y discernir sus senderos espinados. Calibrar la diferencia, abismal, que media entre la agresión deliberada y el torpe error. Evitar la desconfianza que desgasta. Saber compadecer. Poner límites a aquello que me daña.

Vivir no es tarea fácil. Llegamos a la vida abrazando todas las contradicciones que tejen la existencia: la necesidad de asentar el cuerpo físico en este mundo, de encajar en una familia, de dejarse oír, de defender un espacio y de seguir, día tras día, año tras año, en un permanente cuerpo a cuerpo con los intereses, las creencias, las lealtades y las exigencias propias y ajenas. El conflicto, de entrada, es tan brusco que podemos quedarnos atrapados en su visión hiriente y sesgada.

La mirada del abate Pierre, apodado el Ángel de los Pobres, un extraordinario sacerdote católico francés miembro de la Resistencia y fundador de la organización de ayuda humanitaria de los Traperos de Emaús, guardaba tormento y ternura en su corazón. Decía que tenemos que mantener los dos ojos abiertos: uno para observar las miserias del mundo y combatirlas, y otro para contemplar su incomparable belleza y agradecerla. ¿Cómo encontrar ese equilibrio?

Los fantasmas de la indefensión

Anoche dormí sola en un lugar aislado. Desperté de madrugada por el ladrido de los perros. Atranqué la puerta con un sillón y consideré qué posibilidades tenía de salir por el balcón. ¿Volando, tal vez? Ninguna. A mi lado, en la mesilla de noche, una novela de ficción muy popular repleta de crímenes y psicópatas. Abajo, en la cocina, abandonados en un rincón, los periódicos del día anterior, o de cualquier otro, voceando el terror y la indefensión. En los oídos me latía el ruido del último telediario, con su lúgubre cantinela, indistinguible de la anterior, todo desastre y aflicción. Como decía mi hija cuando parodiaba a los presentadores del telediario, cuchara de madera en mano cual micrófono: «Hola, soy Marta Miller, hoy ha habido cosas terribles en el mundo, unos señores han matado a su mujer, un avión se ha caído, las flores no han crecido, en las profundidades del mar muchos peces se han *"morido"*...». Lo cierto es que parece que en cada rincón yace latente la posibilidad de que la maldad cruda destruya sin previo aviso. Para los colectivos más vulnerables la agresividad de otras personas más fuertes cobra un cariz intolerable. Lo aprendemos desde muy pequeños.

Bajemos a rastrear la maldad. Cierto, vivir no es tarea fácil y todo nos lo recuerda sin cesar. Sin embargo, conflicto y maldad no son sinónimos. El conflicto es inevitable; pero cuando surge, día tras día, la ristra interminable de conflictos pequeños y grandes, pocos albergan intrínseca maldad ajena. Casi todos son fruto de simples intereses encontrados y de miedos mal formulados, de mezquinos recelos o de torpes faltas de atención. Ayuda distinguir entre los grados del conflicto, entre la torpeza y la maldad.

¿Qué es el conflicto?

Éste es un ejercicio clásico en los talleres de resolución de conflictos: se trata de cerrar los ojos y decir o apuntar rápidamente diez palabras asociadas al conflicto. ¿Ya?

Para la mayoría de las personas, las diez palabras de este ejercicio serán, casi todas, de signo negativo: problema, pelea, malestar, choque, oposición, desacuerdo, colisión, lucha, diferencia, discrepancia, disgusto, pugna, rechazo, enfado... El conflicto arrastra una larga sombra en el inconsciente humano.

Sin embargo, y aunque sea etimológicamente incorrecto, acuerdo, descubrimiento, alianza, cooperación; discernimiento, compresión, paz, renovación; incluso, reconciliación pueden ser "sinónimos" de conflicto. Pero poco o nada en la infancia de los seres humanos nos prepara para una *resolución constructiva* de los conflictos, para ver el conflicto como una oportunidad de cambio. Desde pequeños resulta evidente que quien más fuerte reclama parece conseguir sus objetivos. Entre hermanos, los padres suelen ceder ante quien con más vehemencia protesta por cumplir sus deseos. Una persona colérica crea un clima donde de forma instintiva, para restablecer la convivencia, otros tienden a ceder. Reconocemos una u otra tendencia —agresiva o colaboradora— en quienes nos rodean. Y sabemos que quienes ceden más fácilmente a menudo parecen llevarse la peor parte. Crecemos con esta imagen grabada: la cooperación entraña renuncia y, tal vez, debilidad.

Al contrario de lo que tendemos a pensar, no sólo estamos dotados de instintos agresivos. Muchos antropólogos defienden que el afecto, la empatía y el altruismo han desempeñado un papel al menos igual de decisivo que dichos instintos en nuestra supervivencia como especie, porque esos rasgos nos han permitido resolver problemas y conflictos, enfrentarnos con inteligencia al peligro y criar a los hijos. Desde el punto de vista evolutivo era necesario ser agresivos ante el peligro, pero también compasivos y colaboradores con aquellos que no nos agredían.

La empatía —la capacidad de sentir la emoción del otro— en teoría es la base de la moralidad: no queremos dañar porque sentimos el sufrimiento en los demás. Esta capacidad crea vínculos emocionales entre los seres vivos. No se limita a la especie humana sino que es una capacidad antigua que probablemente poseen todos los mamíferos por la existencia de las llamadas «neuronas espejo» que facilitan en cierta manera el desarrollo psicológico de la empatía. La empatía está programada en muchos animales y su expresión es simplemente una cuestión de grado, dependiendo de la complejidad cerebral alcanzada por la especie.

La forma más sencilla de empatía es la imitación, el contagio emocional —respuestas automáticas fisiológicas, como cuando un gorrión huye del comedero al escuchar un ruido inesperado y todos lo siguen sin dudarlo—. Esta reacción ayuda a la manada o a la bandada a sobrevivir.

Otra forma más compleja es sentir el dolor del otro e intentar ayudarlo. Desde el punto de vista de la evolución, los científicos han descrito este tipo de empatía como altruismo recíproco, una deuda contraída entre individuos que se ayudan entre sí de forma interesada y continuada.

Más sofisticada aún es la empatía cognitiva, que implica la capacidad de comprender las emociones de otro ser vivo, es decir, poder ser capaz de ponerse en la piel de otro en función de la imaginación, como cuando el ganador de un partido es capaz de consolar a quien ha perdido.

Todos los grandes simios —chimpancés, bonobos y por supuesto humanos— muestran una empatía más desarrollada que otras especies desde el punto de vista cognitivo. Lo sabemos desde hace tiempo: en 1964 se comprobó que un mono rhesus no come si para ello tiene que tirar de una palanca que proporciona una descarga eléctrica a un compañero de jaula. Esta capacidad podría estar conectada con la que tienen los grandes simios de reconocerse en el espejo; es decir, de ser conscientes de sí mismos y, por tanto, de distinguir entre uno mismo y otro. Pero no sólo ellos tienen esta capacidad: en los primeros años de este siglo se está llegando a resultados concluyentes y sorprendentes en distintos experimentos. Un mono también puede dejarse morir de hambre tras resistirse durante doce días a tirar de la palanca que lo alimenta; y ahora sabemos que incluso las ratas son capaces de sentir angustia cuando otras ratas sufren. No será cómodo para la especie humana enfrentarse a este reconocimiento, pero el siglo XXI nos obligará sin duda a asumir con coherencia las implicaciones de la existencia de la empatía en muchas especies.

La naturaleza planta las semillas de la empatía en los seres vivos, pero el que dichas semillas puedan florecer depende en gran parte del entorno social y del cuidado en la primera infancia: es imprescindible un tejido social coherente y seguro para desarrollarnos adecuadamente. Uno de los pasos que tendremos que dar es aprender a crear los entornos adecuados, sociales, laborales y personales, para prevenir o frenar la tendencia a conductas conflictivas y a la maldad.

Philip Zimbardo, profesor de la Universidad de Stanford, fue compañero en la infancia de Stanley Milgram. Ambos nacieron y crecieron en un ambiente conflictivo que los llevó a dedicar sus vidas a intentar comprender las raíces del mal. Sus experimentos en psicología social han conmocionado al mundo porque desvelan que las personas normales y corrientes son capaces de cometer los actos más crueles.

Tras la muerte de Milgram, Philip Zimbardo ha seguido investigando qué lleva a los seres humanos a pasar de la aparente normalidad a la maldad.

Explica que sólo nos conocemos a nosotros mismos, a nuestra familia y amigos a partir de pequeñas muestras de comportamiento en un número limitado de situaciones, en las que a menudo todos desempeñan papeles concretos y prefijados. Cuando surge, en cambio, la libertad de *elegir* en las situaciones, en general optamos por lo más familiar y seguro, aquellos hábitos aprendidos que nos permiten desenvolvernos con comodidad. Pero cuando nos vemos empujados bruscamente a situaciones completamente nuevas, los viejos hábitos o las características de nuestra personalidad ya no funcionan o no resultan relevantes y nos volvemos vulnerables a las fuerzas de la situación dada. Entonces podemos reaccionar de una manera que en circunstancias normales nunca hubiésemos imaginado. Nos dejamos avasallar por las influencias sociales de ese momento y lugar.

¿Qué remedio tiene esto? «Propongo que cada uno de nosotros tiene la triple posibilidad de ser pasivo y no hacer nada, volverse malo o llegar a ser un héroe. Yo admiro a los héroes cotidianos, a las personas normales que hacen cosas extraordinarias», dice Philip Zimbardo.

¿Y cómo se consigue pasar de ser una persona normal a un héroe? Los principios parecen claros: «Ser un héroe tiene sólo unos cuantos elementos clave: actuar cuando otros son pasivos, ser menos egocéntrico y estar más preocupado por el bienestar de los demás y estar dispuesto a hacer un sacrificio personal para ayudar a otra persona, a una causa o a un principio moral. Los niños no nacen malos, sino con plantillas mentales para hacer cosas buenas o malas dependiendo de las influencias del entorno, de los contextos de comportamiento en los que viven, juegan y trabajan. La mayoría de los niños son buenos la mayor parte del tiempo, tarea de los adultos es crear entornos vitales en los que jueguen, estudien y trabajen y en los que desarrollen lo mejor de la naturaleza humana, a la vez que reducen la tentación de deslizarse por la peligrosa pendiente que lleva hacia las malas acciones».

Philip Zimbardo contrapone la «banalidad del mal» a la «banalidad del heroísmo», que describe a personas normales que se involucran en acciones extraordinarias de servicio a la humanidad, generalmente en una situación excepcional. Esto tiene aplicaciones prácticas importantes y radicales en la vida cotidiana de la sociedad y en la educación de los más jóvenes. «Mi preocupación y uno de mis máximos retos ahora —asegura— es cómo promocionar en nuestros niños esa imaginación heroica, conseguir que acepten el papel de *héroe a la espera* para una situación que llegará en algún momento de sus vidas cuando otros sigan sus caminos hacia el mal o hacia la indiferencia y, en lugar de eso, ellos elijan actuar por otra persona o por un ideal sin pensar en su ganancia personal, ni siquiera en el reconocimiento. Debo creer que se arreglaría, ya sea en el campo de batalla, en las prisiones o en las oficinas centrales de las empresas».

También Richard Wrangham, de la Universidad de Harvard, apunta que la violencia de los primates no es compulsiva ni instintiva sino «extremadamente sensible al contexto». Lo que la ciencia y la vida nos muestran en realidad no es un ser humano agresivo y destructivo por naturaleza, sino un ser humano que vive en un medio complejo en el que debe poner en marcha todos sus recursos para poder sobrevivir. Si el medio lo amenaza, el mecanismo innato será la huida o la agresión. El objetivo no es la agresividad en sí misma, sino la supervivencia.

Pero ¿y cuando el conflicto sí es sinónimo de maldad?

La maldad tiene representaciones simbólicas y deja rastros en todas las culturas. Cada cultura se enfrenta a la maldad de una manera diferente. Los esquimales Yupik, por ejemplo, llaman *kungaleta* a la persona que miente, hace trampas, roba y abusa sexualmente de las mujeres. Jane Murphy, una antropóloga que realizó un estudio sobre esta comunidad de esquimales, preguntó a uno de los esquimales qué hace el grupo cuando se enfrenta a un hombre de estas características. «Alguien lo empuja al agua helada cuando nadie mira», contestó. En esta respuesta subyace tal vez la intuición de que nada hará cambiar a quien es capaz de agredir sin piedad. La lucha contra este tipo de individuos compulsivamente malévolos suele ser a vida o muerte.

Aunque la maldad es tan vieja como el mundo, el cirujano francés Philippe Pinel describió la psicopatía por vez primera en un contexto clínico en 1801. La describió como «manía sin delirio»; es decir, lo que más llamaba la atención era esa capacidad de hacer daño *sin estar loco*. Las otras personas soportaban un comportamiento profundamente antisocial y a veces muy violento por parte de una persona en apariencia cuerda. En distintos países pero con descripciones similares, al psicópata se le reprochaba, sobre todo, esta falta de conciencia. ¿Quién puede fiarse de alguien que no respeta las reglas del juego? Es la seña de identidad de la maldad.

Desde el siglo XIX los observadores de la maldad y de la psicopatía han constatado que los síntomas de la maldad enfermiza pueden detectarse en los primeros años de vida. Unos de los pioneros en el estudio de la psicopatía fue un psiquiatra americano llamado Hervey Cleckley. En un estudio realizado en un hospital psiquiátrico de Georgia, observó que los psicópatas provenían de todo tipo de clases sociales, marginales y pudientes. Enumeró dieciséis características que los distinguían del resto de los enfermos mentales; entre ellas el encanto, la inteligencia, la deshonestidad, la irresponsabilidad, el egocentrismo, la falta de empatía y la falta de calado emocional. Cleckley describió con brillantez cómo los psicópatas son capaces de «esconder —tras la imitación perfecta de emociones normales—, una fina inteligencia y una responsabilidad social, una personalidad horriblemente discapacitada e irresponsable».

Esta capacidad de aparentar normalidad es lo que permite al psicópata funcionar, o incluso prosperar, en la sociedad. En este sentido, Cleckley, como han hecho otros investigadores tras él, alertó de que las sociedades individualistas y descaradamente competitivas alientan la psicopatía. No se restringe al estereotipo del asesino en serie: hay psicópatas en muchos ámbitos sociales. La psicopatía es relativamente corriente —entre el 2 y el 6 por ciento de la población presenta rasgos psicopáticos—. En las poblaciones de reclusos, entre el 15 y el 25 por ciento de los presos son psicópatas.

Aunque la posible base biológica de la psicopatía es un tema muy controvertido, encontrar un marcador genético o neurológico que pueda asociarse a la maldad podría ser posible en el futuro. De momento, el camino de investigación más avanzado gracias al uso de las técnicas de imagen cerebrales sugiere que tras la psicopatía existe un funcionamiento anómalo del cerebro, por menor materia gris y por conexiones neuronales defectuosas en la parte que lidia con las emociones, los impulsos y la toma de decisiones. Robert Hare, uno de los pioneros en este campo, mostró en 1991 que los psicópatas procesan palabras como «amor» y «odio» de forma distinta a como lo hacen las demás personas. Otros investigadores han apuntado que los psicópatas procesan las palabras de contenido emocional en una parte del cerebro peculiar: en lugar de mostrar actividad cerebral en el sistema límbico —el centro de procesamiento de emociones del cerebro—, la actividad cerebral en los psicópatas se lleva a cabo en la parte del cerebro que procesa el lenguaje, «... como si sólo pudiesen comprender las emociones de forma lingüística. Los psicópatas conocen las palabras, pero no la música», apunta el doctor Hare.

Un inciso para animar: Steven Pinker, psicólogo y científico cognitivo de la Universidad de Harvard, asegura que, contrariamente a lo que creíamos, existe menos violencia ahora que hace diez mil años. Entonces, hasta más del 30 por ciento de las personas que vivían en las sociedades tribales morían a consecuencia de la violencia. En total morían diez veces más personas en el mismo lapso de tiempo que en las guerras europeas y norteamericanas del siglo XX. Podría ser porque nuestro mundo civilizado, con sus sistemas legales y punitivos, esté consiguiendo doblegar poco a poco lo que el filósofo Thomas Hobbes llamaba «la guerra de todos contra todos». Y tal vez, apunta Pinker, valoramos y mimamos más nuestra vida a medida que superamos el umbral de la supervivencia y gestionamos una vida más larga, centrada en el bienestar.

El conflicto, sin embargo, no es sólo la guerra abierta, las vísceras y la sangre que manchan la pantalla, un largo cortejo de horror y de muerte que cubre la vida en la Tierra. Existen muchas otras formas de maldad corrientes que ejercemos a diario, sin padecer una patología. Es una maldad colectiva, sigilosa, que brota por miedo, por indiferencia, por desequilibrio transitorio, por pereza. Probablemente sea el último eslabón amparado o tolerado, aún por domar y erradicar, de la maldad humana.

Sirva como ejemplo lo que me sucedió hace unos años. Desde, literalmente, el fin del mundo —Finisterre, en Galicia— tuve hace poco la malísima idea de comprar un periódico y leer una noticia estremecedora. Me costó dejar entrar tanta maldad y tanta inmundicia en un lugar tan hermoso como la Costa da Morte, con atardeceres larguísimos envueltos en la exuberancia de la naturaleza.

Pero no se puede, siempre, mirar hacia otro lado. Contaba una reportera boliviana cómo, en el transcurso de un reportaje sobre unas colonias menonitas, rama pacifista y trinitaria de los cristianos anabaptistas, le tocó dormir en casa de uno de los siete hombres, también menonita, más tarde acusado de haber violado a centenares de niñas y mujeres de estas colonias. Entraban en sus casas y dormían a las víctimas con potentes gases. Violaron sin piedad, durante años. Las víctimas callaron; las niñas, porque no comprendían, al despertar, qué les había pasado. Las mujeres, porque pensaban que las violaciones «eran cosa del diablo».

La reportera relata cómo el hombre en cuya casa durmió violó esa noche a su propia hija de 5 años. «Nononono», escuchó mientras la pequeña sollozaba. La madre, esquiva y abatida, sólo hablaba el dialecto alemán de sus antepasados. Imagino la enorme ignorancia y el miedo ancestral en el que obligan a vivir a esas mujeres, despojadas de lo imprescindible para poder protegerse, hasta que algunas se convierten en seres no sólo patéticos, sino peligrosos.

Resulta aún más repugnante cuando los abusos y la tortura se cometen en nombre de la cultura. En nombre de la cultura y de las tradiciones se perpetran daños terribles contra millones de mujeres y niños en todo el mundo, sin que nadie nunca levante una mano para protegerlos.

¿Qué es la cultura? Sólo el conjunto de nuestros actos y costumbres. Por sí misma esa palabra no revela si lo que encierra es bueno o es denigrante y abusivo. Cuando ensalzamos y blindamos el concepto de cultura sin reparar en lo que encierra, todos somos cómplices: los unos, cuando pasamos por alto los derechos humanos básicos de mujeres y niños en nombre de culturas y tradiciones que son meras tapaderas para crear sociedades de víctimas y de verdugos. Los otros, porque ya sólo tienen que llegar y asestar el golpe mientras todos miran hacia otro lado, presas de tabúes engañosos, cómplices y viciados.

Las trampas del conflicto: las lealtades y los esquemas

Nunca me gustó que me deseen suerte. La suerte es elusiva, intangible y caprichosa: prefiero no confiarle mi vida, mis sueños y penas. Siempre preferí, paciente, aprender a tejer los acontecimientos de la vida, ordenarlos hasta vislumbrar el extraño dibujo que conforman, como las olas de arena que traza el viento en el desierto o las nubes que a veces, fugazmente, dibujan una silueta nítida en el cielo. Busco en cada rincón ese dibujo, esa mirada, ese destello de comprensión.

Siempre me pregunté si ellos creen en la suerte: las personas sentadas en el autobús o el metro, los que buscan la mejor oferta en los grandes almacenes, los que llenan los edificios de oficinas, los de las tardes del sábado en los centros comerciales, los que llevan a sus hijos al parque. Los desconocidos de la calle, solitarios, amables, furiosos, pacientes, resignados o encogidos.

Es cierto: nacemos con una genética y un temperamento más o menos determinado; y los hijos se crían con padres que suelen repetir patrones emocionales a veces muy dañinos, heredados a su vez del pasado. La fuerza del entorno y de la genética puede marcar de forma considerable a cualquier ser humano. Esta realidad forma parte de nuestras vidas. Pero es una realidad más sutil de lo que a veces apreciamos: Richard Nisbett, de la Universidad de Michigan, Estados Unidos, habla de la «inteligencia fluida» —la habilidad para resolver problemas que no depende de conocimientos previos— y la «inteligencia cristalizada» —basada en habilidades y conocimientos aprendidos—. La primera está concentrada en la corteza prefrontal, y la segunda está más dispersa por el cerebro y es susceptible de modificarse en cualquier momento, dependiendo del entorno. Un ejemplo clásico es el estudio que muestra que el cerebro de los taxistas de Londres tiene el hipocampo —que rige las relaciones espaciales— un 25 por ciento más desarrollado de lo habitual, probablemente debido a que lo ejercitan mucho para orientarse por la ciudad.

Así, podemos considerar muchas de nuestras reacciones ante la vida como hábitos aprendidos, en vez de como características connaturales a nosotros. Somos flexibles, somos dúctiles y resilientes.

El paradigma está cambiando: no se trata ya de aplicar parches más o menos eficaces para vivir una vida lo más funcional posible, sino de abandonar la premisa de que la materia prima de cada humano está condenada a la neurosis y lastrada por una genética y un entorno defectuosos. Ya no basta, tras horas, meses o años de introspección, con resignarse ante el retrato pesimista de una naturaleza abocada a disimular una naturaleza supuestamente tarada. La comprensión de sí mismas y de sus circunstancias permite a las personas iniciar el camino para transformar su psique en profundidad. Cuando descubrimos además que la capacidad de transformar la propia vida es un factor decisivo en la consecución de felicidad, resulta aún más necesario escapar de las fauces del azar y del destino, o de las opiniones ajenas, para encontrar el sentido de los actos y de la vida por uno mismo. Por ello me inclino por los enfoques personales y terapéuticos que creen que la solución a los problemas de la vida de las personas está en ellas mismas. Sólo hay que descubrirlo.

¿Qué mochila psíquica llevamos a cuestas? Hasta ahora hemos sobrevolado diversas herencias mentales, como los equipamientos de serie del cerebro humano que permiten respirar o que el corazón lata. Pero existe otra herencia fundamental, y también sigilosa, que arrastramos en forma de lealtades y esquemas emocionales que nos aprisionan hasta que logramos traspasar sus umbrales. Sus principios me parecen particularmente útiles y asequibles para comprender los mecanismos básicos de la psique humana.

Por una parte, están las lealtades inconscientes: la carga de pensamientos, comportamientos, creencias y miedos que, de acuerdo con la terminología de pensadores como Bert Hellinger, Virginia Satir, Mara Selvini o Ivan Boszormenyi-Nagy, conforman las lealtades, ciegas y potentes, que pueblan nuestro cerebro y, por tanto, nuestras vidas.

Por otra, la teoría de los esquemas del psicólogo Jeffrey Young, que dibuja el perfil de un comportamiento adquirido en función de una experiencia vital, sin aprisionar por ello a la persona en descripciones limitativas de quién es y de cuál es su esencia.

Ambos enfoques son útiles para acceder al potencial extraordinario que supone ser dueños, y no rehenes, de nuestro sigiloso mundo emocional. No habrá cambio sin comprensión, ni habrá cambio sin repetición. Éste es el esfuerzo que exige el cerebro para poder soltar los lastres que nos impiden vivir en plenitud.

Las lealtades inconscientes

Las lealtades inconcientes —y a veces contradictorias— son un motor básico y poderoso del comportamiento humano. Las lealtades se dan de forma natural e inconsciente entre generaciones de una misma familia. Inconscientemente, nos mueve la necesidad de ser leales a las personas que nos acompañan o que nos dieron la vida, por difícil o destructivo que resulte. Asumimos sus culpas, integramos sus dolores. Así, un viudo puede resistirse a sobreponerse a su pérdida por lealtad a su mujer fallecida, o un hijo puede resistirse a ser más que sus padres.

Desde las distintas y variadas perspectivas que se denominan «sistémicas», esto ocurre porque las personas no funcionan como individuos encerrados en una burbuja al margen de los demás sino en relación a su grupo, o sistema, humano. Aunque hay diferencias entre las distintas escuelas de pensamiento sistémico, todas ellas se caracterizan porque inciden en los vínculos afectivos y sociales del ser humano. Formamos parte de un destino familiar, entendido como un encadenamiento de comportamientos y vivencias interdependientes y heredados a través de generaciones. Por lealtad a nuestros seres queridos, para no traicionar su forma de vivir y de sentir, repetimos determinados esquemas y patrones emocionales de forma inconsciente. Sólo se rompe el hechizo cuando alguien en la continuidad familiar comprende el problema y lo supera de forma consciente. Se trata, pues, de sacar a la luz de la conciencia lo que se agazapa bajo capas y capas de generaciones.

Porque formamos parte de una amplia conciencia sistémica que compartimos con nuestros familiares, nos enfrentamos a lo largo de generaciones a fuerzas y a debilidades similares. En el caso de las debilidades, engendran comportamientos defensivos que se reproducen de forma automática de generación en generación. Es relativamente sencillo detectar estos patrones de acontecimientos negativos repetitivos que, a vista de pájaro, conforman el paisaje familiar: repetimos muchas de las reacciones, miedos y actitudes de nuestros padres y abuelos. Todo ello constituye el entramado de la historia y el inconsciente familiares.

La técnica de las constelaciones familiares entra de lleno en este campo. En palabras de uno de sus máximos exponentes, el psicólogo Joan Garriga: «No estamos solos. Nos gobiernan los vínculos. Nos conmueve, nos proporciona sufrimiento o alegría la forma en la que estamos vinculados con las personas a las que pertenecemos, especialmente los padres, los hijos, los abuelos, los ancestros, las parejas. Es como si hubiera una gran red de amor que funcionara como una especie de bandada de pájaros y que tiene una conciencia común. Esto se explica con la hipótesis de que la bandada está recorrida por una conciencia que va más allá de los miembros individuales, que los dirige según leyes precisas que están al servicio del grupo. En los sistemas familiares, también hay una conciencia grupal que genera consecuencias, lealtades, conductas y destinos en las personas. Los miembros que no fueron aceptados, no fueron llorados, los traumas que no se superaron, los desamores o todo tipo de problemas quedan como asuntos pendientes; y después llegan los hijos y se incorporan al sistema. Parte de sus vivencias, sentimientos, decisiones y actitudes ante la vida tiene que ver con el sistema en el que entran y el lugar que ocupan en él. Una constelación familiar es una exposición a estas imágenes y movimientos familiares, para poder detectar las dinámicas que mantienen las dificultades y generar movimientos que orienten a las personas hacia ciertas soluciones. A veces es muy poderoso, en el sentido de que se producen cambios importantes en la persona y también se producen cambios en personas de la familia que no han asistido a la constelación familiar, porque esta conciencia familiar va más allá de lo verbal y lo no-verbal, se extiende. En un sentido radical, podríamos decir que la conciencia está en todas partes. Una constelación es una forma de abrirse a esta conciencia familiar».

Como hemos visto, somos leales, en un nivel inconsciente pero muy arraigado, a nuestras familias. Cualquier intento consciente de apartarnos o de rechazar la herencia familiar crea una resistencia psíquica invisible pero poderosa. ¿Significa esto que no somos capaces rechazar o reconsiderar las creencias o los comportamientos aprendidos en casa? En absoluto. Lo que significa es que ante los cambios —los intentos por crecer y transformarse— se activan automáticamente defensas en nuestra psique. Crecer significa crearse un espacio vital y unos códigos propios, pero en muchos sentidos es doloroso. Cuando crecemos, nos sentimos un poco desleales. Sin culpa, dice Joan Garriga, no hay crecimiento.

Si se observan con atención las dinámicas de tantas familias que nos rodean, encontramos sin duda gran cantidad de ejemplos de lealtades enfrentadas. Ocurre, por ejemplo, cuando la lealtad del hijo hacia sus padres se ve obligada a escindirse en los divorcios en los que uno o ambos padres no logran superar su animosidad, y tácita o descaradamente obligan al hijo a renunciar, a disimular o a empañar la lealtad y el amor que siente por sus progenitores.

Un hijo ama a sus padres de forma inconsciente. Cada hijo siente que lleva a su padre y a su madre dentro de sí, interiorizados. Verse obligado a rechazar al padre o a la madre implica rechazar una parte de sí mismo. El mecanismo en estos casos será buscar otras formas de mostrar lealtad al progenitor ausente o condenado, y posiblemente de forma destructiva e inconsciente. Los padres separados deberían aprender a decir a cada hijo: «Aunque ya no estemos juntos, amo a tu padre, o a tu madre, en ti», sin añadir elementos de juicio que no pertenecen a sus hijos. Son palabras sencillas pero importantes, que reconocen que el otro, el padre o la madre de quien nos hemos separado, sigue viviendo en ese hijo. Esas palabras abren la puerta para que nuestros hijos puedan respetarse a sí mismos y albergar de forma constructiva la lealtad que, de forma natural e incondicional, sienten por sus padres. Cuando les damos este permiso explícito para mostrar y sentir lealtad hacia ambos padres, a pesar del desgarro que supone para ellos la separación física de la familia, les estamos ofreciendo la posibilidad de ser ellos mismos abiertamente, no a hurtadillas y de forma tal vez destructiva.

Nadie puede escapar al peso que los miembros de la familia ejercen sobre la psique y sobre los hábitos cotidianos. Nos marca a hierro y fuego. No es sólo todo lo que nos han dicho abiertamente, es decir, todo lo que la conciencia ha asimilado de forma más o menos obediente, los valores explícitos, las condenas tajantes. Son, sobre todo, los mensajes con los que nos bombardearon sin saber ellos siquiera qué estaban transmitiendo o de qué manera lo hacían. Son las críticas solapadas, los miedos, los rechazos viscerales aunque callados. Somos como correas de transmisión horizontales y verticales, aunque desconocemos buena parte del mensaje que llevamos impreso. La otra persona, el receptor, simplemente lo interioriza, lo procesa a nivel consciente y, sobre todo, inconsciente. Es algo así como si el mensaje recibido abarcase, como de hecho sucede, un espectro de sonido muy superior al que el propio oído puede captar.

El receptor sólo conseguirá descifrar el mensaje familiar, o una parte de este mensaje, tras un esfuerzo deliberado de comprensión, reconstruyendo, en función de los indicios, la historia de su vida; la historia real, no la recordada, la aprendida o la admitida. Será una labor de detective que ya no puede reconstruir el pasado sino en base a las huellas o a los indicios que dejaron los acontecimientos.

En este sentido, los principios de las psicoterapias sistémicas coinciden con los que subyacen en tantas psicoterapias humanas: sólo podemos dar a los demás lo que somos realmente, no lo que pretendemos ser. Por ello, es importante intentar asegurarse de que nuestros hijos heredan una psique lo más saneada posible.

Los esquemas, unas defensas compulsivas

Gran parte de la literatura de autoayuda sugiere que simplemente con decir «quiero cambiar esto» es suficiente. El deseo de llevar a cabo un cambio es, desde luego, un paso básico e ineludible; pero el cambio no se produce sólo por desearlo. Requiere que comprendamos la raíz del problema que nos atrapa. Hasta hace poco tiempo sólo las personas aquejadas de enfermedades mentales graves acudían a los terapeutas. Afortunadamente, la situación está cambiando, de manera que hoy en día cualquiera puede beneficiarse de un apoyo puntual para comprender su paisaje mental y emocional y mejorar su calidad de vida.

Los nuevos enfoque terapéuticos tienden a integrar diversos elementos, originalmente propios de distintas corrientes de psicoterapia: desde las técnicas que se centran en poner a las personas en contacto con sus emociones, como por ejemplo las técnicas gestálticas, hasta aquellas que buscan soluciones resolutivas a problemas que padecemos en el día a día y que se basan en terapias cognitivo-conductuales. Muchas terapias recurren además a los principios del psicoanálisis, que estudia las raíces de los traumas adquiridos en la infancia de cada persona.

Es el caso de la terapia de esquemas, ideada por el psicólogo Jeffrey Young, director del Centro de Terapias Cognitivas de Nueva York, que propone un sistema sencillo, centrado en los hábitos cotidianos, pero que no renuncia a detectar causas profundas. Sus dieciocho esquemas emocionales —también denominados «trampas de la vida», porque en ellas las personas tropiezan y recaen una y otra vez— combinan la comprensión de lo que nos marcó en la infancia con la observación objetiva de los comportamientos adultos resultantes. En esencia, la terapia de esquemas advierte de que todos podemos ser víctimas en algún momento, —por ejemplo tras una mala experiencia—, de una respuesta defensiva exagerada ante determinados acontecimientos; pero cuando estas respuestas son repetitivas y automáticas y limitan la vida de quien se ve atrapado por ellas, entonces urge encontrar el esquema subyacente para desactivarlas.

Un esquema es por tanto un mecanismo emocional persistente que aprendimos en la infancia para defendernos de algo que era peligroso o hiriente, y que perpetuamos en la edad adulta, aunque ahora ya no nos haga falta. Un ejemplo: el denominado «esquema del abandono» se detecta por el sentimiento marcado de que, estés con quien estés, te podrá abandonar en cualquier momento. Subyace un miedo repetido, una ansiedad ante la posibilidad de perder a los demás porque se mueran o se alejen. La vida de las personas aquejadas del esquema del abandono no acaba de escapar de esa trampa. Quizá este esquema se desarrolló en la infancia, porque efectivamente uno de los padres murió o abandonó al niño, o porque estuvo, durante un tiempo, emocional o físicamente enfermo o ausente. En cualquier caso, el niño desarrolló la sensación de que estaba solo, sin remedio, y arrastró hasta la edad adulta las respuestas emocionales que ideó entonces, en la niñez, para protegerse. El adulto con un esquema de abandono tenderá pues a adoptar distintas respuestas para calmar su ansiedad: tal vez nunca deje que nadie lo quiera para así evitar el posible abandono, o al contrario podría convertirse en una pareja dependiente y posesiva, vigilante. En cualquiera de estos casos, esta persona probablemente consiga que el temido abandono y la soledad se hagan realidad una y otra vez, bien por la distancia emocional que impone para protegerse, bien al contrario, porque su exagerada posesividad aleja a sus parejas.

La psicóloga y escritora Tara Bennett-Goleman combina en su consulta las técnicas de la terapia de esquemas y de la meditación: «... La neurociencia revela que tenemos un cuarto de segundo mágico durante el cual podemos rechazar un impulso emocional destructivo... El primer paso es lograr detectar estos hábitos emocionales, porque a menos que los logremos detectar y retar a medida que se disparan con los eventos de la vida diaria, dichos hábitos dictarán cómo percibimos y cómo reaccionamos... Las fijaciones emocionales son así: si logras verlas con claridad, sin ofuscación, pierden el poder de controlarte... Empezamos a gestionar una emoción negativa en cuanto somos conscientes de ella».

Los esquemas están agazapados en un cerebro asustado, que nos recuerda a voz en grito que el mundo es peligroso. Tal vez se acerque alguien que podría probarnos lo contrario. Pero ¿por qué fiarse de nuevo? ¿Para qué arriesgarse? Ese persistente y complejo cerebro que nos domina sólo pretende que no nos vuelvan a herir. Mantenernos sanos y salvos, aunque tal vez infelices, es su cometido más importante. La felicidad, el deseo de intimidad o de confianza le parecen accesorios al cerebro ciego, y habrá que encontrar una vía de expresión diferente para ellos.

Un esquema puede entrañar un dolor muy grande, más aún si no hemos conseguido verbalizarlo ni comprender por qué una reacción dañina nos controla de forma repetida a lo largo de la vida. Pero, desde un punto de vista práctico, ese mismo dolor emocional ante determinadas situaciones recurrentes es por sí mismo un buen indicio de que allí, agazapado, puede yacer un esquema nocivo. Es una clave: el dolor es la alarma que suena y reclama nuestra atención.

A continuación se muestra una selección de diez esquemas básicos, con sus estrategias defensivas y algunos antídotos que ayudan a romper el círculo vicioso. Aunque las personas pueden desarrollar varios esquemas simultáneamente, conviene fijarse y desbrozar primero el que más llama la atención al leer su descripción, pues podría tratarse de un indicio de que ese esquema necesita una particular atención.

Los cinco esquemas personales: un mapa del miedo emocional

Los esquemas que se describen a continuación afectan el ámbito de las relaciones íntimas, de la vida familiar y de las amistades. Describen nuestra forma de relacionarnos con los demás y de amar. Se centran en torno a los miedos relativos al abandono, a la privación, a la dominación, a la desconfianza y a la falta de amor.

1. El esquema del abandonado: «Siempre me abandonan.»
Este esquema surge a raíz de nuestras reacciones ante las pérdidas: tememos que las personas que nos rodean nos abandonen. El abandono original pudo ser simbólico o real, debido a padres emocionalmente fríos y distantes, a mudanzas incesantes, a muertes, divorcios... Produce una tristeza profunda y la sensación de estar aislado.

Cuando somos víctimas de este esquema, las estrategias pueden incitarnos a agarrarnos con fuerza a lo que tememos perder; a elegir a alguien que no nos hace feliz, pero que en principio nunca nos abandonará; a no emitir quejas, ni siquiera razonables, para que una pareja no se aleje; a abandonar todas las relaciones para evitar ser abandonados; o a presionar para establecer una relación de forma inoportuna o precipitada.

El antídoto a este esquema implica la necesidad de comprender que podemos sentirnos bien a pesar de la soledad. Para ello, habrá que convencerse de que uno tiene los recursos suficientes para sobrevivir por sí mismo. También habrá que fijarse en los sentimientos que se despiertan ante una separación o un posible abandono, aunque sea simbólico, para controlar una reacción visceral y destructiva.

2. El esquema del privado o carente de afecto: «A nadie le importan mis necesidades.»

En la infancia de las personas que tienen este esquema, los padres probablemente no tuvieron tiempo, o interés, de escuchar al niño. Él tuvo la sensación de que nadie quería estar a su lado, o de que sus necesidades emocionales no importaban. Ahora es un adulto hipersensible al hecho, real o imaginado, de que las demás personas no se fijan en sus necesidades profundas: siente hambre de mimos, de calidez o de afecto. En algunos adultos, este esquema despierta ira, porque los demás parecen ignorarlos. A veces a estas personas les cuesta mucho expresar sus necesidades, y por ello los demás, simplemente, no las captan.

Cuando somos víctimas de este esquema, tendemos a volvernos muy exigentes, o al contrario intentamos agradar al máximo, disimulando las necesidades propias. A veces los adultos que padecen este esquema piensan que todo es poco y se miman compulsivamente con cosas materiales. Otras veces el esquema se manifiesta en niños que se dedican a cuidar en exceso a los demás y a actuar como los padres que no tuvieron. Cuando sean adultos, se sentirán culpables porque pensarán que no se ocupan lo suficiente de los demás.

El antídoto a este esquema requiere cuestionar si es cierto que los demás siempre intentan utilizarnos; y aprender a comunicar las necesidades propias con claridad.

3. El esquema del dominado: «Nunca me salgo con la mía.»

Esta persona tal vez tuvo padres dominantes y controladores que no ayudaron al niño a ser autónomo. El autoritarismo de los padres pudo expresarse desde la violencia abierta hasta la manipulación encubierta de la voluntad y de la vida del niño. Emergerán como adultos sin sentido de control sobre sus vidas, que no defienden ni apenas conocen sus propias preferencias. Generalmente, sus parejas también les dictarán lo que deben hacer. En la infancia, este esquema pudo producir una estrategia de pasividad, para evitar el enfrentamiento o, al revés, una rebeldía que más adelante se convertirá en una exagerada susceptibilidad ante cualquier posible señal de manipulación por parte del otro. Así, algunos adultos aquejados de este esquema evitan comprometerse para evitar acuerdos que puedan restarles libertad.

Como antídoto, estas personas necesitarán aprender a reconocer y expresar, con asertividad pero sin agresividad, sus necesidades y deseos.

4. El esquema del desconfiado: «No puedo fiarme de la gente.»

Estas personas han sido víctimas de abusos físicos, emocionales o sexuales y han perdido la confianza en los demás. A veces eligen relaciones donde sus peores sospechas se confirman, sólo porque les resultan familiares. Este esquema se diferencia de los demás esquemas porque las personas han sido heridas por otros de forma intencionada. El desarrollo de este esquema ha sido necesario para sobrevivir, aunque ahora se aplique de forma compulsiva e inapropiada.

Las estrategias típicas ante este esquema son la desconfianza y el retraimiento. A veces, las personas afectadas vigilan sin cesar a la pareja, o la idealizan durante un tiempo porque buscan un salvador. Algunas personas entran en una cadena de relaciones abusivas o se convierten en maltratadores.

El antídoto a este esquema sugiere la necesidad de entablar relaciones con los demás sólo cuando exista confianza, para poder consolidar la relación sin presión y sin miedo.

5. El esquema del indigno de amor: «No merezco amor.»
La persona con este esquema tiene la sensación de que no merece amor, de que es de alguna forma defectuoso. Es un esquema que suscita por tanto vergüenza y humillación. La persona aquejada tal vez tuvo padres hipercríticos, que la insultaban o criticaban con frases como «no eres lo suficientemente bueno» o «me avergüenzo de tener un hijo como tú». Pudo recibir un mensaje no verbal y muy subjetivo que el niño interiorizó y ahora de adulto se mira con desprecio. Las estrategias típicas de este esquema consisten en aceptar el veredicto, rendirse y esconderse; o, al contrario, en mostrar arrogancia y buscar la adulación de los demás.

El antídoto al esquema requerirá cuestionar los pensamientos que nos hacen dudar de nosotros mismos y aceptar que muchas personas pueden querernos tal y como somos.

Los cinco esquemas sociales: un mapa del miedo a los demás

Los esquemas que se describen a continuación se refieren al ámbito del mundo exterior y muestran cómo nos enfrentamos a los retos de la autonomía y de la competencia.

1. El esquema del excluido: «Estoy fuera de lugar, no encuentro mi sitio, nadie me da cobijo.»
Este esquema afecta a cómo nos sentimos en los grupos, bien sea en el entorno laboral, familiar o social. Se

fija cuando la mirada de nuestra familia ya no es suficiente y buscamos la aprobación de los demás. Aparece aquí el niño con el que nadie quiso jugar, el que tuvo una familia diferente, o el que no encajó, tras un divorcio, en las nuevas familias de sus padres. Las personas aquejadas de este esquema suelen quedarse en las afueras de la vida social porque temen el rechazo de los demás.

Algunas estrategias típicas ante este esquema consisten en evitar los grupos donde uno se siente rechazado, o acostumbrarse a mirar sin participar. A veces, se trasluce un empeño por ser un miembro «perfecto» del grupo. Otros apuestan por su papel de excluidos: «Soy diferente, me da igual no pertenecer».

El antídoto al esquema exige retar conscientemente, y de forma práctica, este miedo a no pertenecer.

2. El esquema del miedoso: «Cuidado: el mundo es muy peligroso.»

Este esquema se centra en la vulnerabilidad y en la pérdida de control. Tal vez uno de los padres tuvo tendencia a ser catastrofista, o un miedo real o imaginado, como una enfermedad, marcó la vida del niño.

La estrategia más típica ante este esquema puede manifestarse a través de una prudencia exagerada, de un miedo al riesgo muy marcado.

El antídoto aconseja intentar superar los miedos para recuperar un espacio más amplio donde poder disfrutar de la vida.

3. El esquema del fracasado: «Todo me sale mal.»

La sensación típica de este esquema es que uno es un fracasado aun a pesar de cualquier indicio de éxito. A veces se debe a unos padres exageradamente exigentes, que hicieron sentirse inepto al niño o que hacían comparaciones odiosas con los hermanos o con personas o niños muy exitosos. Ahora este adulto ni siquiera cree que merezca que las cosas le vayan bien. Así, surge el fenómeno del impostor: estas personas creen que no merecen triunfar y que, si lo hacen, alguien las desenmascarará.

Una estrategia clásica ante este esquema incita a comportarse de una forma que asegure el fracaso: no arriesgarse, no intentar nada nuevo, no cumplir los plazos acordados...

El antídoto implica descubrir de forma consciente las fortalezas y los talentos propios, y aceptar, si es el caso, que los logros son merecidos.

4. El esquema del perfeccionista: «Tengo que ser perfecto.»

El adulto que tiene este esquema pudo tener padres que nunca dieron su aprobación total al niño. Por tanto éste se sintió inadecuado, y ahora cree que vale por lo que consigue, no por lo que es. Como ocurre con el esquema del fracasado, el del perfeccionista tiene que ver con la capacidad para lograr metas. En el esquema del fracasado, esperamos demasiado poco de nosotros mismos; en el del perfeccionista, demasiado.

Algunas estrategias frente a este esquema serán las comparaciones poco realistas con aquellos a quienes se admira, la tendencia a exigirse constantemente más esfuerzo del necesario. La vida cotidiana de estas personas tiene algo de austero, casi desagradable, porque no han dejado casi espacio a la diversión. Sólo fantasean con ello.

El antídoto consistirá en frenar los pensamientos hipercríticos y la tendencia a recriminarse cosas, y concederse tiempo y energía para cualquier ámbito de la vida, aunque eso implique reducir, de vez en cuando, el nivel de exigencia profesional.

5. El esquema del especial: «Yo no tengo por qué seguir las reglas.»

Lo que define este esquema es la necesidad de desafiar los límites de la vida: conducir a velocidades no razonables, servirse mucha comida cuando apenas hay para los demás, aparcar en una plaza para discapacitados, exigir a la pareja todo a cambio de casi nada... Estas personas se sienten especiales y carecen de la empatía necesaria para preocuparse de que los demás puedan sentir que se abusa de ellos. Los niños que desarrollan este esquema tal vez hayan sido muy mimados, o hayan crecido en un entorno adinerado, o carente de límites, con padres permisivos o excesivamente serviciales. De adultos, pueden convertirse en personas impulsivas, infantiles y egoístas. Algunas veces el esquema afecta a hijos de padres muy exigentes, que exageraban sus logros para destacar, para ser distintos al resto. También puede darse en adultos en su infancia no recibieron afecto o tenían necesidades materiales: están resentidos y piensan que se les debe compensar por ello.

Este esquema no debe confundirse con la sana autoestima que una persona verdaderamente competente y madura pueda sentir, y que no implica en modo alguno un orgullo desmesurado.

Algunas estrategias típicas ante este esquema consisten en esperar que el resto del mundo nos trate como a alguien especial, y en sentir rabia por los actos abusivos sólo cuando hay que pagar las consecuencias: multas, pérdida de trabajo, divorcio...

El antídoto implicará frenar los impulsos más intensos y fijarse en cómo nuestros actos pueden afectar a los demás.

LOS DONES DEL CONFLICTO: LA RESOLUCIÓN Y LA RENOVACIÓN

Existen dos ejemplos contradictorios en la forma de zanjar o de evitar disputas en las especies emparentadas con la humana. Los chimpacés viven en una sociedad tribal, ocasionalmente violenta, con una jerarquía dominada por un macho. En el caso de los bonobos, la sociedad que conforman está regida por un grupo de hembras y la resolución de conflictos se produce sobre todo a través del sexo. Los bonobos improvisan relaciones sexuales en encuentros fortuitos para intercambiar favores, para suavizar un malentendido y para fortalecer los vínculos de la casta dominante femenina. Bien mirado, podría parecer un comportamiento bastante más constructivo que el de los chimpancés.

Probablemente nuestros parientes chimpancés y bonobos tiendan a identificar como conflictos los que se libran entre los intereses y los deseos de las partes. Pero en el caso de la especie humana, cobran mucha importancia otros elementos, como la diversidad y las diferencias, las necesidades, las percepciones, el deseo de poder, los valores y los principios, los sentimientos y las emociones, y los conflictos internos. Todos estos son ingredientes básicos en cualquier conflicto y complican considerablemente su resolución, sobre todo si no somos conscientes de ellos ni hemos aprendido a gestionarlos. Es otra laguna inmensa en nuestros sistemas educativos.

Para convivir en las sociedades actuales se requiere la adquisición de nuevas destrezas que todavía no estamos aprendiendo de forma colectiva. Pero aprender a afrontar, interior y exteriormente, los conflictos es una habilidad cada vez más necesaria en un mundo complejo. Ya no lo dicen sólo los visionarios y los utópicos. Hasta un pragmático Gordon Brown, primer ministro británico entre 2007 y 2010, está convencido de que vivimos en un momento histórico extremadamente complejo y único, y de que se están reescribiendo las normas de la diplomacia y de la convivencia entre las personas en todo el mundo. «Durante siglos las personas han aprendido a convivir con sus vecinos. Ahora, por vez primera, estamos aprendiendo a convivir con personas que no conocemos. La gente tiene la posibilidad de comunicarse de un continente a otro, de formar comunidades que no están basadas en territorios, sino en redes, y pueden formar alianzas más allá de las fronteras por todo el mundo».

La convivencia pacífica nos está obligando a reconsiderar nuestras formas antiguas de zanjar conflictos. Sin duda, en el futuro próximo, aprender a resolver conflictos será una habilidad necesaria, algo que podremos practicar en las escuelas de la misma forma que aprendemos matemáticas o lengua.

Una cuestión indispensable a la hora de resolver cualquier conflicto es tener en cuenta las necesidades reales de cada parte. Éstas no pueden confundirse con simples deseos o preferencias. El primer trabajo de las partes será, pues, distinguir entre los deseos o preferencias, y las necesidades reales, que constituyen aspectos importantes y vitales para la persona, y poder expresarlas con claridad.

Uno de los conflictos más difíciles de resolver es el conflicto interior. Cuando mis necesidades son incompatibles con las circunstancias de mi vida, sólo podré recuperar la coherencia si cambio esas circunstancias. Sería el caso, por ejemplo, de un hombre casado con una mujer estupenda, pero que siente que ha perdido su libertad a cambio de estar con la pareja. Sueña con recuperar su libertad, pero las circunstancias se lo impiden. A veces nos aprisionamos en lugares que no nos corresponden porque no hemos prestado suficiente atención a nuestras necesidades reales. Están ahí, latentes, pero no terminamos de ponerles nombre, ni de asumirlas. Decía Rainer Maria Rilke, en *Cartas a un joven poeta*, acerca de los conflictos que albergamos: «... Ten paciencia con todo lo que siga sin resolverse en tu corazón. Intenta amar las propias preguntas, como habitaciones cerradas y como libros escritos en un idioma extranjero. Si vives en la pregunta, tal vez algún día, de forma paulatina, sin siquiera darte cuenta, sentirás la respuesta».

Otro aspecto fundamental en la resolución de conflictos es llegar a aceptar que no sólo importan las necesidades de las partes, por muy vitales que sean, sino también las de la relación. En otras palabras, la relación ha de reconocerse y respetarse como algo común a las partes en conflicto, algo por lo que pueden trabajar de forma menos partidista. La relación cobra vida como si fuese una parte más del conflicto, y las partes trabajarán no sólo para satisfacer sus necesidades, sino también para atender y fortalecer las de la relación. Para ello conviene distinguir entre el conflicto inmediato y la relación a largo plazo. Si los conflictos oscurecen o tiñen exageradamente la relación a largo plazo, perdemos de vista uno de sus aspectos positivos: la consolidación y el disfrute de una relación. Ambos, el conflicto y la relación, son importantes.

En el ámbito de la resolución de conflictos, aunque los principios sean similares, existen tantos métodos específicos como personas dedicadas a estudiarlos. A continuación se tratan algunos aspectos del método mediador Dudley Weeks, cuyos principios son sólidos y claros y pueden aplicarse fácilmente al ámbito de la vida cotidiana.

Dudley Weeks distingue tres contextos básicos en la resolución de conflictos. El más constructivo tiene en cuenta, como se apuntaba anteriormente, las necesidades reales de cada una de las partes, y también al menos algunas necesidades comunes que fortalezcan la relación. El segundo es moderadamente constructivo, y suele ser la forma tradicional de resolver conflictos: llegamos a algún tipo de acuerdo pactado que permite solucionar el conflicto, pero sólo de forma parcial y temporal. El más destructivo se da cuando una de las partes impone su punto de vista y provoca la sumisión de la otra parte, o cuando se disuelve la relación, con la consiguiente pérdida para ambas partes. Cuando se da este último caso, las partes del conflicto no logran superar sus diferencias. No hay resolución, sino sólo imposición.

A menudo, la resolución real de un conflicto requiere que las partes logren disipar el odio o el rencor antes de pactar una solución. Por tanto, la resolución de un conflicto empieza por uno mismo. Éste no es un principio utópico, sino factible e imprescindible; si no logramos solucionar muchos conflictos, en parte es porque pocas veces nos decidimos a mirar hacia dentro antes de dar el paso hacia la resolución. Ello exige una gran coherencia y la firme decisión de empezar por uno mismo.

Un ejemplo de ello fue lo que sucedió, tras años de odio racial, en Sudáfrica. Un hombre, Nelson Mandela, encarcelado durante 27 años, logró superar su rabia personal contra un sistema brutal. Fue elegido primer presidente de Sudáfrica por medios democráticos bajo sufragio universal y halló caminos para unir una sociedad multirracial y encontrar una salida política y social a una situación explosiva. «La lección que nos deja Mandela es que uno puede ser una excelente persona, generosa y buena, y un político brillante y eficaz. La autoridad deviene de la coherencia entre lo que uno dice y cómo se comporta. La coherencia de Mandela es el principio del respeto... es igual de respetuoso con sus guardaespaldas, con el Papa o con un rival político. Entre los valores que predica y sus actos no hay fisuras», dice uno de sus biógrafos, John Carlin.

Las personas tienden a reaccionar de forma estática ante cualquier conflicto: aplican una especie de enfoque único para todo. Muchas de estas recetas son corrientes, pero son poco eficaces. Resulta útil distinguir cuál es la propia tendencia, para no aplicar recetas automáticas e ineficaces a la resolución de los conflictos diarios.

La conquista: desde esta perspectiva el conflicto es una batalla que se debe ganar. Para ello hay que debilitar, controlar y manipular al oponente. Es un escenario corriente en los procesos de divorcio y en los ambientes laborales. Los efectos colaterales son el acoso, la dominación y la manipulación. Este enfoque polariza las posturas, pues hay necesariamente un ganador y un perdedor. El juego consiste en ver quién dominará en lugar de intentar cooperar. El derrotado sentirá resentimiento y deseo de venganza. Aquí las partes implicadas han pasado por alto que los conflictos requieren cooperación en vez de agresión.

El despiste: en este caso se finge que no hay conflicto. Por desgracia los conflictos no desaparecen porque los ignoremos: el tiempo no cura todos los males, la evasión tiene sus límites. Aunque en determinados casos evitar enfrentarse a un conflicto pueda ser una buena táctica —al menos de forma temporal—, los efectos colaterales de este enfoque suelen traducirse en frustración y agravan, a medio plazo, el conflicto.

El regateo: todas las partes implicadas renuncian a algo, como si estuviesen regateando en la plaza del mercado. Pero ¿han llegado a la raíz del conflicto? ¿Han tenido en cuenta las necesidades y los sentimientos de las partes implicadas? Este enfoque es muy habitual, pero suele provocar conflictos secundarios y no tiene en cuenta las necesidades de la relación en su conjunto.

La tirita: a veces nos sentimos tan incómodos ante un conflicto que intentamos darle una solución rápida. Suele ocurrir cuando nos sentimos impotentes (por ejemplo, es el caso de muchos padres con sus adolescentes). Aplicamos una solución rápida y así creamos la falsa impresión de que el conflicto ha desaparecido, pero en realidad sigue allí, latente. En este caso no estaríamos aprovechando el conflicto para instaurar un mecanismo sano y sólido que pueda resolver futuros conflictos.

El juego de roles: la sociedad nos asigna determinados roles con sus correspondientes expectativas, estatus, derechos y poder sobre otras personas. Aquí utilizamos estos roles para amedrentar a los demás: el racismo, el sexismo, la exaltación de la belleza o de la juventud... Con este enfoque perpetuamos patrones sociales que pueden estar anticuados o resultar injustos. Reducimos así las opciones para resolver los conflictos y traicionamos una regla fundamental: los conflictos deben resolverse entre iguales, desde el respeto al otro.

La renovación de las personas

Hemos hablado de las manifestaciones externas del conflicto y de los mecanismos que ayudan a comprenderlo y a superarlo. De forma paralela, hay una mirada que podemos aplicar a los conflictos de la vida diaria y que trasciende una idea algo estrecha de la justicia humana. Dicha mirada nos lleva a un lugar menos individualista, invita a pensar en términos más holísticos. Desde esta perspectiva no todos los conflictos necesitan una resolución, sino que algunos son fruto de una tensión necesaria, fomentan una energía positiva que mueve el mundo hacia delante.

La idea latente aquí es la necesidad de mantener el conflicto vivo porque así ambas partes pueden seguir transformándose. Aquí el conflicto no se polariza, sino que puede ser una fuerza que mantiene un equilibrio de poder entre las personas y las ideas y que ayuda a renovarse, a ampliar los propios horizontes y límites. Es el equilibrio entre la aparente pequeñez de nuestras vidas y la inmensidad de la mente. Es uno de los principios que subyace en el Tao, que significa vacío, no acción, unidad. Para los taoístas, gracias a este vacío se alcanza la iluminación. Ellos muestran la necesidad de integrar los opuestos sin que éstos se anulen ni compitan: hay que encontrar el modo en que puedan mantener su singularidad, pero integrados el uno en el otro. Hay falta de equilibrio, para el Tao, en ser una cosa u otra, descartar, rechazar, prohibir, ignorar, estar constreñido por una visión grupal en particular, interferir en el fluir de la energía necesario para cualquier manifestación, desde la sexualidad hasta el arte.

Otra forma de describir este sutil y rico equilibrio de fuerzas está en las palabras de la escritora Lise Heyboer: «El rayo es la descarga eléctrica que se produce cuando las diferencias potenciales se tornan demasiado grandes. No es una fuerza destructiva, sino una fuerza que ayuda a recuperar el equilibrio. Las personas lo temen porque suele destruir las expectativas y los códigos morales y sociales, pero sólo lo hace cuando éstos ya han perdido su sentido. Regenera la mente, abre nuevas comprensiones, a nuevas consideraciones, a volver a imaginar. Recuerda a las personas que no hay nada fijo, que siempre hay otra posibilidad, una opción olvidada. Agita y enmaraña lo seguro y lo familiar: a algunos los enfada, a otros los asusta. Revela los puntos ciegos y lo desconocido, pone el dedo en la llaga de muchos puntos dolorosos. El rayo trae a la mente humana nueva creatividad, nuevas inspiraciones y nuevas energías. Parece que deshace, pero en realidad tiende puentes entre los abismos y equilibra los contrastes... En algunas tribus indias existen los *soñadores de rayos*, cuya misión es proteger a la comunidad contra la rigidez y la fosilización. La descarga eléctrica, el choque, empieza una nueva etapa, un nuevo periodo, una nueva vida o una nueva actitud hacia la vida. Necesitamos muchas descargas porque lo nuevo no se mantiene nuevo, sino que se carga de seguridades. Una y otra vez hay que renovar las leyes universales que nos habitan, ponerse de nuevo en contacto con las fuerzas y la realidad de la vida».

El perdón

La psicoterapia occidental pone énfasis en la necesidad de que las personas logren expresar y procesar los conflictos que las habitan, a veces durante décadas, aunque sea a través de la ira. Otras culturas, en cambio, son mucho más cautas en este sentido, algunas porque consideran que la ira es una emoción peligrosa y básicamente destructiva en cualquier contexto; otras porque la relación con los padres, entendida desde una perspectiva de respeto y obediencia incuestionables, se considera intocable.

Jeffrey Young, el fundador del sistema de terapia de esquemas, se dio cuenta de que muchos de sus pacientes, al tiempo que lograban comprender en qué se equivocaron sus padres o seres queridos y cómo esas equivocaciones los hirieron, expresaban ira o resentimiento hacia los progenitores por haber cometido errores en su infancia. Un paso importante en cualquier terapia es que el paciente se dé cuenta de que en algunos casos tal vez sea cierto que ha crecido con padres que no han sabido transmitirle amor y por ello se desprecia constantemente, «pero una vez que el cliente mejoraba y conseguía dejar de tratarse de una determinada forma, nos dimos cuenta de que era importante que lograse perdonar a sus padres. Porque es evidente que los padres, en general, no pretendieron herir al hijo. Hicieron lo que buenamente pudieron; no eran padres perfectos. Si logras comprender que los padres tienen sus propios dilemas vitales, sus propios esquemas emocionales y que ésa es la razón por la que se comportan de una determinada manera, puedes mostrar más empatía y más comprensión y perdonarlos por lo que te hicieron en lugar de albergar ira y resentimiento hacia ellos».

Lo cierto es que la ira y el reproche por sí solos no curan las heridas. Si, además de sentir y de expresar la ira, ésta no se procesa, si no se supera, deja un poso de resentimiento y de amargura en quien la padece. Las personas que debían amarnos pero que nos hirieron, padres, hermanos, parejas, amigos o enemigos, también fueron presa de sus propios condicionantes. A lo largo de las generaciones ¿quién engendró, quién agravó, quién perpetuó? Siempre resultará más constructivo formar parte de aquellos que comprendieron, resolvieron y perdonaron.

III

La tristeza

Decía la psiquiatra Elizabeth Kübler-Ross, que tan bien conocía los trasfondos de la tristeza humana, que no necesitamos nada especial para vivir: basta con ser uno mismo lo más brillantemente que sea posible. Eso es suficiente.

Me maravilla la pasión que encierran estas sencillas palabras: el derroche de luz y de esperanza que contiene un cometido en apariencia tan sencillo, tan humilde como ser uno mismo, pero, eso sí, *lo más brillantemente posible*. Cuando nacemos, ¿por qué no empapelaron las paredes de nuestra habitación con estas palabras? Cuando lloramos, cuando erramos, cuando tropezamos, ¿por qué no nos las recuerdan? En general olvidaron decirnos que todos albergamos un lugar hermoso en el que vivir en la inmensidad de luces y sombras de la psique humana. Pero hay que alcanzar dicho lugar, sembrarlo y regarlo para ver brotar la semilla.

Antes de suicidarse, la poeta Sylvia Plath dejó un vaso de leche y un manojo de poemas sobre la mesilla de noche de la habitación contigua donde dormían sus hijos y selló la habitación para que el gas del horno donde metió la cabeza no los ahogara. Cuarenta y cinco años más tarde, en 2009, el hijo de Sylvia se ahorcó tras varios episodios de depresión. Su hermana Frieda, una brillante columnista, confesó cuando fue a enterrarlo que ella también luchaba contra sus propios demonios mentales y emocionales.

¿Qué pudo motivar esas muertes desesperadas? ¿Sucumbieron al dolor, a la tristeza o a la traición? En el caso de Sylvia, su marido, el también poeta británico Ted Hughes, la había abandonado y vivía con una alemana llamada Assia Wevill. Con ella tuvo otra hija. Cuando esa niña tenía 4 años, Assia la mató, luego metió la cabeza en el horno y se suicidó, repitiendo exactamente lo que había hecho Sylvia seis años antes.

¿Qué vida no es presa, tarde o temprano, de alguna traición? Los historiadores apuntan que Sylvia Plath probablemente padecía un trastorno bipolar. Con la medicación adecuada tal vez no se hubiese suicidado. Pero ni los trastornos bipolares ni las depresiones tienen por qué desembocar en un suicidio: el entorno y las circunstancias los desencadenan. Cuando la tristeza se torna crónica, le damos el nombre de depresión. Aunque la depresión tiene orígenes genéticos, se ha comprobado en estudios con gemelos —y, por tanto, individuos con mapas genéticos idénticos— que las enfermedades mentales sólo se desencadenan en un entorno o unas circunstancias vitales determinados. Es un indicio más de que, por fortuna, los genes no determinan de manera implacable el destino de las personas.

Escribía Sylvia Plath: «Exiliada en una fría estrella, incapaz de sentir nada excepto un horrendo torpor irremediable... Busco dentro del cálido, terreno mundo. Busco en las camas de los amantes, en las camitas de los niños, en las mesas cubiertas de comida, en todo el sólido comercio de la vida en esta tierra y me siento aparte, encerrada tras una pared de cristal». Buscaba sin duda abrazarse a la vida, lejos de la tristeza y de la depresión. Me recordaron estas palabras las de un lector que me decía que no lograba sentir nada: cumplía con sus obligaciones familiares y laborales pero nada le provocaba emoción, ni buena ni mala. Puedo imaginar pocas condenas en vida que emanen tanta desesperanza. Porque, en este lado de la vida, en la cara que conocemos y en la que latimos atrapados, lo que nos mantiene es precisamente la atracción vital hacia la emoción.

No todas las vidas se enfrentan a la tristeza, ni siquiera cuando es extrema, de la misma manera. Algunas personas sufren una incapacidad clínica para resistir los embates de la vida, pero la mayoría alberga mucho tesón ante la adversidad. Algunas incluso muestran una capacidad especial para superar la adversidad que les empuja a sobrevivir ante situaciones traumáticas que aplastarían a la mayoría. Parece ser que una de las características de estas personas es que logran encontrar un sentido a las trampas que la vida les tendió. Así, el neurólogo y psiquiatra austriaco Viktor Frankl, dudó, en los años previos a la Segunda Guerra Mundial, aceptar un puesto en una universidad en Estados Unidos para alejarse de la creciente presión que azotaba desde la Alemania hitleriana a los judíos. Finalmente decidió que debía quedarse para proteger a sus padres y compartir con ellos su destino. En 1941 se casó con Tilly Grosser. Al año siguiente fue deportado a un campo de concentración junto a su esposa embarazada y a sus padres. Fue liberado por los aliados en 1945 y así sobrevivió al holocausto, pero su mujer y sus padres ya habían fallecido.

Regresó a Viena y escribió su famoso libro *El hombre en busca de sentido*, en el que describió la vida del prisionero desde el punto de vista psicológico y expuso cómo, incluso en las condiciones más extremas de deshumanización y sufrimiento, es necesario encontrar una razón para vivir: «Los que hemos vivido en campos de concentración podemos recordar a personas que caminaban por las cabañas confortando a los demás, dándoles su último trozo de pan. Tal vez eran pocos, pero conforman la prueba suficiente de que todo puede arrebatarse a una persona excepto una cosa, la última de las libertades humanas: elegir la actitud vital ante cualquier circunstancia, elegir su propia forma de hacer las cosas... Al final el ser humano no debería preguntarse acerca del significado de su propia vida, sino que más bien debería reconocer que es la vida la que le pregunta a él. En otras palabras, la vida le pregunta a cada ser humano, y éste sólo puede contestar a la vida con su propia vida».

EL TRAUMA NO DICTA EL DESTINO

Casi todos los niños que sobreviven bien al dolor y al trauma son los que logran elaborar teorías acerca de la vida donde combinan sus sueños para el futuro con una cierta intelectualización de lo que les ha ocurrido. Es lo que el psiquiatra Boris Cyrulnik llama «insertar la tristeza en una historia»: lograr dar un sentido a esta tristeza significa también, a la larga, que brote de esta tristeza una vida meditada y sólida. Los más afortunados encontrarán además una persona que les eche una mano para salir al mundo exterior. Son elementos básicos que distinguen a los supervivientes del dolor y del trauma. Cyrulnik es uno de los proponentes de la teoría de la resiliencia, que estudia la capacidad innata de las personas de superar el dolor y el trauma. El concepto de resiliencia, por cierto, no tiene nada que ver con el de resistencia. La resistencia es un término psicoanalítico que describe el mecanismo que deniega a las personas el acceso al inconsciente, algo que es, sin embargo, absolutamente necesario para el cambio y para la transformación interior.

Según Cyrulnik, cuyos padres fueron deportados y asesinados en un campo de concentración en 1942 cuando él tenía 5 años, no se trata de resistir, sino de aprender a vivir. «Todos somos resilientes porque nadie tiene la suerte de poder evitar completamente el dolor», dice Cyrulnik. «Antes de un desastre pensamos que la felicidad es algo que nos es debido. Pero los desastres llevan hacia la metamorfosis... porque las personas se ven obligadas a preguntarse ¿por qué?, y así aprenden. Y cuando se preguntan ¿y ahora qué voy a hacer con este dolor?, pueden descubrir la parte sana de sí mismas. Así se teje la resiliencia».

En 1994 vivían en Israel unos doscientos mil supervivientes del holocausto, de unos 65 años de media. El 28 por ciento habían sobrevivido al internamiento en los campos de concentración, el 58 por ciento se habían escondido, casi el 10 por ciento habían luchado en los movimientos de resistencia, aunque entonces eran muy jóvenes. Tras la guerra, todos estos niños sufrieron depresiones durante años, excepto aquellos que habían luchado en la resistencia.

Resulta complejo analizar estos datos. ¿Acaso los niños habían luchado en la resistencia porque eran ya de entrada más resilientes? ¿Los protegió la sensación de dirigir sus propias vidas —un factor decisivo en la escala de felicidad personal— que acompañó su lucha? ¿O fue el hecho de poder sentirse como héroes en lugar de como víctimas —«Yo soy el niño que con 8 años se enfrentó al ejército alemán»— lo que los ayudó?

Curiosamente, el grupo de los niños que tenían alrededor de 5 años cuando fueron deportados fue el más afectado por las depresiones en los años posteriores. Pero también fue el grupo más exitoso en los ámbitos familiar y profesional. En cambio, el grupo de pequeños héroes se contentó en general con posiciones sociales intermedias. No les importó llevar una vida discreta. Es probable que las personas del primer grupo se vieran obligadas a esforzarse en una determinada faceta de su vida para sanar los desastres de la infancia. Tenían que encontrar en algún lugar la estabilidad o la felicidad robada.

El sentido evolutivo de la tristeza

Como la ira y el miedo, la tristeza cumple una función evolutiva necesaria para sobrevivir. De hecho, es tan necesaria, de hecho, que pesan más en nuestras vidas las emociones llamadas negativas, la tristeza, la ira o el miedo, que las que producen placer. Estas emociones nos avisan a voz en grito de los posibles peligros que nos acechan: protestan con vehemencia, nos aturden hasta que entramos en una espiral —consciente e inconsciente— de miedos y de defensas. Son el antiguo seguro, el mecanismo primigenio, aunque todavía vigente, que nos rige. La tristeza, la ira y/o el miedo forman el escuadrón desconfiado e implacable encargado de asegurar nuestra supervivencia.

En el caso de la tristeza, las alarmas se disparan tanto ante las pérdidas como cuando surgen los fantasmas de las añoranzas. Para nuestro cerebro ciego da igual la realidad que la ficción: ante la tristeza, real o inducida, saltan todas las alarmas. Los estudios han mostrado recientemente que la tristeza desencadena una intensa actividad cerebral que afecta a más de setenta áreas cerebrales: las que procesan el conflicto, el dolor, el aislamiento social, la memoria, los centros de recompensa del cerebro, la capacidad de atención, las sensaciones físicas —nos sentimos físicamente mal cuando estamos tristes— y la toma de decisiones, entre otras muchas. Es difícil abstraerse de este bombardeo. No podemos estar tristes sin que ello nos afecte globalmente. Por ello, las emociones llamadas negativas cortan el paso, de forma preventiva y muy rotunda, al bienestar y al placer. El cerebro y el cuerpo no tienen tiempo para procesar el placer cuando el desastre, o el posible o temido desastre, acechan.

La tristeza es, por tanto, un estado complejo y muy persistente: cuando suena su señal de alarma invade hasta el último resquicio de nuestra persona y arrincona la alegría. Hace de la vida un camino árido, que recorremos, en general, en soledad. En su cruda esencia, la tristeza surge ante el miedo a la pérdida. A primera vista no lo vivimos así, porque cuando estamos tristes sentimos, ante todo, dolor. Pero ese dolor es sólo el síntoma: tras él está el anhelo de lo que fue o de lo pudo haber sido. El dolor surge porque hemos perdido, o porque no hemos logrado encontrar, aquello que hubiese podido colmar nuestros vacíos.

Vista desde una perspectiva negativa, la vida puede parecer un camino de pérdidas: perdemos paulatina o bruscamente, el tempo es irregular y siempre inesperado, la juventud, la belleza, las esperanzas, los seres amados; todo aquello que nos importa, sobre todo si otorga un sentido a nuestras frágiles vidas. No solemos estar preparados para enfrentarnos a la inevitable tristeza. Sólo ensayamos desde niños algunas maniobras de distracción que se agotan pronto ante ese sentimiento persistente y doloroso que lo invade todo. Sólo queda cerrar los sentidos ante la invasión de dolor, y caer en ese extraño estado de letargo que a veces llamamos depresión, y otras es sólo el indicio de que estamos atravesando el espacio árido de la tristeza. ¿Qué frutos puede dar emprender esta travesía de forma consciente? «La mayoría de los sufrimientos consisten en que cerramos nuestros corazones a algo o a alguien o a nosotros mismos», dice de la tristeza y del sufrimiento el psicólogo Joan Garriga. «A nuestros padres, por ejemplo. La vida tiene su lado cruel, difícil, y allí cerramos nuestro corazón. Pero justamente porque cerramos nuestro corazón en un intento de protegernos, esto tiene como consecuencia que sufrimos y nos limitamos. En realidad el trabajo consiste en integrar a los padres tal como fueron, o las cosas difíciles que pasaron: un aborto, perder a un hijo pequeño, una separación; poder integrarlos y colocarlos al servicio de la vida. Muchas veces las personas se prestan a hacer el proceso emocional cuando ya no les queda otro remedio, cuando sufren intensamente. El sufrimiento intenso les abre las puertas para que puedan decir sí a aquello a lo que antes decían que no».

Cuando las personas atraviesan el espacio desesperanzado de la tristeza, el apoyo de los demás, de cualquiera, incluso de un desconocido que sonríe en un ascensor, puede ser una tabla de salvación, una razón para seguir adelante. De Rosa, por ejemplo, recuerdo la tristeza, la más corriente, la que de repente sobrecoge y acompaña casi cualquier vida, excepto la de aquellos que nunca arriesgaron nada. Menuda, de mirada intensa, se acercó a mí con un libro en la mano después de un taller. Quería que se lo firmase. «¿Te ha gustado?», le pregunté. «Sí, me ha ayudado mucho», contestó. Le iba a dar las gracias pero se echó a llorar. Desconsoladamente, como si los diques de su tristeza se hubiesen abierto de golpe. Las personas que nos rodeaban callaron, incómodas. Es difícil enfrentarse al dolor de los demás porque no lo alivia sólo la buena educación.

Como no solemos enfrentarnos a las raíces de la tristeza, tampoco solemos ser capaces de ayudar a aquellos que transitan por sus caminos. Nos cuesta, aun cuando quien lo necesite desborde tristeza y dolor, bajar la guardia y deponer la vergüenza o el pudor para acompañar al que sufre. Sin embargo la sociedad y las relaciones afectivas pueden provocar cambios en las personas tan decisivos como la genética. Aliviar, disolver la tristeza de otra persona no significa juzgar, sino ayudar a que las emociones atrapadas puedan fluir: dejar al otro llorar, hablar y sentir. Ése es un paso fundamental para sanar.

Acompañar a los demás significa aprender a mirarlos sin juzgarlos, reflejando en esa mirada la esperanza que ellos han perdido o que les cuesta vislumbrar. Lo explicaba bellamente Anthony Bloom en su conocida meditación «El icono dañado», tal y como reflejan estos fragmentos: «A menos que uno mire a una persona y vea belleza en esta persona, no puede darle nada. No ayudamos a una persona discerniendo lo que está mal, lo que es feo, lo que está distorsionado [...] Si nos diesen un icono dañado por el tiempo, por las circunstancias, o profanado por el odio humano, lo trataríamos con reverencia, con ternura, con el corazón partido. No nos fijaríamos en el hecho de que está dañado. Nos concentraríamos en lo que queda de su belleza y no en lo que se ha perdido. Y esto es lo que debemos aprender a hacer con cada persona».

La capacidad de recuperar la esperanza tras los obstáculos y de rebotar hacia una visión optimista de la vida no es algo que esté dentro de nosotros, ni tampoco fuera. Está a medio camino, porque el desarrollo individual está ligado al desarrollo social. Un momento de vulnerabilidad personal puede agravarse o apaciguarse gracias a nuestros encuentros emocionales y sociales. Los niños que no logran convertirse en adultos psíquicamente sanos no son necesariamente aquellos que tuvieron que soportar las circunstancias más difíciles, sino aquellos que encontraron menos apoyo por parte de los demás, aquellos que estuvieron más aislados. Las personas no pueden escapar a su contexto, porque en buena medida los hechos que les ocurrieron adquieren su significado y se graban en su memoria en función de las reacciones emocionales de las personas del entorno o de la cultura en la que estaban inmersas. Algo es importante para mí, en buena medida, porque otros así lo consideraron.

«Esto es lo que realmente me interesa, la idea de que unas pocas personas en una comunidad pueden mantener a todo el resto sano», dice el psicólogo Oliver James. «Sólo se necesitan algunas personas que personifiquen una forma de ser saludable... Por ejemplo, mi amiga Ann. Sólo necesitas estar con ella dos minutos: su forma de hacer un juicio y de evaluar una situación te reprograma de alguna manera de forma positiva... Incluso el modo en que charla con la cajera del supermercado cambia de forma sutil la manera en la que esa chica se comportará el resto del día. Los verdaderos vencedores en esta vida son aquellos a los que no les importa ganar o perder. Estas personas ven más allá de las tonterías de la vida actual, tienen un sentido sólido de quiénes son sin necesidad de centrarse en sí mismos o de ser narcisistas. Son líderes por su ejemplo; son divertidos, pero no pretenden nada; auténticos y sinceros; alegres, en vez de ser hiperactivos... Es un mundo loco, pero tengo una visión muy optimista acerca de cómo el espíritu humano podrá prevalecer».

Las grandes tristezas a menudo no desaparecen, sólo mutan en algo que nos acompaña el resto de la vida. Algunas veces forman una cicatriz saneada, bien cerrada. Otras son como un volcán dormido, algo que nos habita a todas horas y nos arrincona sin remedio. Quedamos a la espera triste, indefinida, de que la vida, un día, pueda recuperar su espacio. Ante la tristeza, intentamos cada día volver a la vida. Tal vez por ello algunas leyendas cuentan que el undécimo mandamiento de la iglesia primitiva giraba en torno a esta emoción: el reto consistía no en evitar la tristeza, sino en saber cómo mirarla a la cara y transformarla. Los pecadores, resignados, eran aquellos que no eran capaces de recuperar el espacio vital robado. «Cuando aprendes la lección», decía Elizabeth Kübler-Ross, «el dolor se va». Y añadía: «Las personas maravillosas que he conocido han sufrido la derrota, el sufrimiento, la lucha, y sin embargo han encontrado una salida a su dolor. Estas personas muestran un conocimiento y una aprecio por la vida que las llena de compasión, de ternura y de amor. Las personas maravillosas no existen porque sí».

LAS TRAMPAS DE LA TRISTEZA: LA RESIGNACIÓN

Aunque hoy en día parezca increíble, cuando Elizabeth Kübler-Ross trabajaba en hospitales europeos y norteamericanos, había poca o nula sensibilidad al hecho de que los pacientes terminales necesiten ayuda psicológica y emocional para afrontar la última pérdida, la de sus propias vidas. Los pacientes desahuciados morían solos, apartados en habitaciones aisladas. Cuenta Elizabeth que el interés que sentía hacia estos pacientes se disparó cuando en los pasillos del hospital se dio cuenta del extraño efecto que una señora de la limpieza afroamericana tenía sobre muchos de los pacientes más gravemente enfermos de la planta. Cada vez que ella salía de alguna de las habitaciones, la doctora Kübler-Ross comprobaba que los pacientes habían cambiado su actitud hacia la enfermedad de forma significativa. Quiso conocer el secreto de esa mujer humilde, que no había terminado sus estudios escolares pero que parecía albergar una clave importante.

Un día se cruzaron en el pasillo. Elizabeth, impaciente y brusca, se dirigió a la mujer de forma casi agresiva: «¿Qué está usted haciendo con mis pacientes?». Naturalmente la mujer se puso a la defensiva. «Sólo estoy fregando los suelos», dijo de manera educada y se fue. Durante las siguientes dos semanas la doctora y la señora de la limpieza se vigilaron con desconfianza. Finalmente, una tarde la mujer se plantó frente a la doctora en el pasillo y la arrastró hacia la sala de enfermeras. Elizabeth recuerda en sus memorias esa imagen curiosa, la de una mujer humilde arrastrando a una profesora de psiquiatría amparada por su bata blanca.

Cuando estuvieron completamente a solas, cuando nadie podía oírles, la mujer relató su vida trágica: había crecido en el sur de Chicago, en la pobreza y la miseria, en un hogar sin calefacción ni agua caliente donde los niños estaban crónicamente desnutridos y enfermos. Como la mayor parte de las personas pobres, ella no tenía forma de defenderse contra la enfermedad y el hambre que los azotaban. Un día, su hijo de 3 años enfermó gravemente de neumonía. Lo llevó al servicio de urgencias del hospital local, pero les debía diez dólares y la rechazaron. Desesperada, caminó hasta un hospital donde estaban obligados a atender a personas sin recursos.

Por desgracia ese hospital estaba lleno de personas como ella, personas que necesitaban urgentemente ayuda médica. Le dijeron que esperase. Tras varias horas de espera vio cómo su hijo se ahogaba y finalmente murió en sus brazos.

Cuenta la doctora Kübler-Ross que era imposible no sentir lástima por la terrible pérdida de esa mujer. Pero lo que más le llamó la atención fue la forma en la que ella contó su historia. Estaba profundamente triste, pero en ella no había negatividad, reproches ni amargura. Emanaba una paz que asombró a la doctora. Cuenta Elizabeth que se sintió entonces como una alumna que miraba a su maestra.

Entonces la mujer reveló su supuesto secreto, con voz serena y directa: «A veces entro en las habitaciones de estos pacientes y veo que simplemente están aterrorizados y que no tienen con quién hablar. Así que yo me acerco a ellos. A veces les toco las manos y les digo que no se preocupen, que no es tan terrible, que estoy con ellos, que he estado allí». Poco tiempo después, Elizabeth Kübler-Ross consiguió que esa mujer dejase de fregar los pasillos y se convirtiese en su primer asistente, la que daba el apoyo necesario a los pacientes cuando ya nadie más lo hacía. Aquella historia se convirtió en una lección de vida que intentó comunicar sin cesar: no necesitamos un gurú especial o un gran experto para crecer y ayudar a los demás. Los maestros asumen distintas formas: pueden ser niños, pueden ser enfermos terminales, pueden ser la señora de la limpieza. Todas las teorías y la ciencia del mundo, decía, no pueden ayudar tanto como un ser humano que no tiene miedo de abrir su corazón a otro ser.

El protocolo que desarrolló Elizabeth Kübler-Ross sobre las etapas de la pérdida o el duelo se ha incorporado hoy en día de forma generalizada a la manera de abordar y de cuidar a los moribundos. Entre los acontecimientos de la vida que generan un estado depresivo no están sólo las situaciones de duelo o de separación, sino también la pérdida de un ideal o de una idea que se valoraba en exceso: esta pérdida produce una sensación de inutilidad, de impotencia y de derrota. Todos los procesos psicológicos que entrañan pérdidas —ya sean la muerte o la separación de un ser querido, u otras pérdidas graves, como la de un sueño o la de un amor— son, en esencia, muy parecidos. Por ello, por extensión, el protocolo de la doctora Kübler-Ross puede aplicarse a todo aquel que sufra una pérdida que sacuda los cimientos y desestructure su vida.

La pérdida supondrá la necesidad de reconstruir una forma de vida, de cambiar perspectivas, de buscar apoyos y un nuevo sentido vital. Conocer el desarrollo de los procesos de pérdida supone reconocer la necesidad de dar tiempo a la psique para asumir la pérdida de forma progresiva.

Como el tiempo de la psique no es el de la vida diaria, a menudo existe un conflicto entre el mundo exterior y lo que la persona que ha sufrido una pérdida necesita (tiempo, cuidados y comprensión por parte de quienes la rodean, y también de sí misma, para transitar por las distintas etapas de la pérdida).

Los cinco estadios de los procesos de pérdida son la negación, la ira, la negociación, la depresión y la aceptación. Aunque cada persona, dependiendo de sus circunstancias y de su forma de ser, se enfrente a la pérdida de una forma particular —las respuestas a las pérdidas son peculiares y únicas, como cada ser humano—, los patrones o estadios descritos por Kübler-Ross, se suceden de una u otra forma, en casi todos.

Incluso fue así para alguien tan brillante e iconoclasta como el escritor Oscar Wilde, que parecía inmune al lado oscuro de la vida hasta que atravesó, durante su estancia en la cárcel, las etapas del dolor que siglos más tarde describiría Kübler-Ross: «Mientras estaba en la cárcel de Wandsworth deseaba morir. Era mi único deseo. Cuando tras dos meses en la enfermería me trasladaron aquí, y poco a poco fui recuperando la fortaleza física, me llené de rabia. Estaba decidido a suicidarme el día que pudiese salir de la prisión. Después de un tiempo ese humor maligno se disipó y decidí entonces vivir, pero llevar a cuestas la desesperanza como un rey lleva su manto: nunca volver a sonreír... Ahora me siento distinto. Debo aprender a recuperar la alegría y la felicidad». Todo un ejercicio de valiente humildad para un hombre que había vivido como si las penas humanas pudiesen traspasarle sin dolor.

Las etapas de la pérdida o el duelo:

La negación

La negación suele ser el primer estadio del proceso de pérdida. Se puede vivir como la sensación de estar entumecido, psíquica y físicamente. Suele presentarse el deseo de aislarse y de evitar enfrentarse a cualquier estímulo; o, directamente, se niega la pérdida. Es un estadio en el que no podemos aceptar lo que ha ocurrido, con la consiguiente sensación de irrealidad.

La ira

Otro estadio de la pérdida y del dolor es la ira. Aquí hemos conseguido superar una parte, o la totalidad, de la negación de la pérdida, pero sentimos ira por lo ocurrido. Tal vez deseamos descargar esa ira en alguien o algo, o simplemente expresemos la ira de la forma que nos es más familiar y habitual.

La negociación

En este estadio intentamos encontrar formas de recuperar lo que perdimos, o de achacar la pérdida a un error propio o ajeno. Permanecemos en el pasado para intentar negociar una salida mientras pensamos que la vida sería maravillosa si a quien hemos perdido siguiera con nosotros. Los pensamientos habituales en este estadio son: «Si yo hubiese hecho esto, habría podido evitarlo...». Si se trata de una relación rota, puede que intentemos llegar a un acuerdo con la persona que hemos perdido para recuperarla: «Si cambio mi comportamiento, ¿volverás?».

La depresión

Este estadio, como su nombre indica, es la etapa de la tristeza. Suele acaecer tras la negación, la ira y la negociación, cuando ya sentimos desesperanza e impotencia ante la pérdida. Esta tristeza se expresa a través del llanto, de un síndrome de abstinencia, de la distancia con el resto del mundo.

La aceptación
El estadio final es la aceptación. A menudo las personas han tenido que transitar todos los estadios anteriores, a veces repetidamente, antes de lograr acceder a la aceptación. Cuando llegamos a la aceptación, hemos conseguido hasta cierto punto transformar la sensación de pérdida psíquica sufrida: de alguna manera, hemos logrado incorporar a nuestra vida la pérdida sufrida. Esto no significa, por supuesto, que la tristeza ya no forme parte de nuestra vida, pero en general ya no nos impedirá vivir de forma más o menos funcional. Con el tiempo, la intensidad de la tristeza cederá aunque posiblemente nunca desaparezca del todo.

Un inciso importante: la aceptación es una forma *activa* de integrar la realidad a nuestra vida que no tiene nada que ver con la resignación. Comprender la diferencia entre aceptación y resignación es un paso fundamental en el proceso de duelo de las pérdidas.

LOS DONES DE LA TRISTEZA: LA PASIÓN

El psicoterapeuta Adam Phillips decía que los psicoanalistas están básicamente centrados en descubrir qué interesa a sus pacientes. «¿En qué estás interesado?» es una pregunta que les desvela los deseos que motivan al cliente. «¿Qué te apasiona?» les llevará hasta las fuentes que nutren su vida. Demasiadas personas parecen no haberse hecho nunca esta pregunta.

Algunos lo han recalcado. Clarissa Pinkola-Estés, por ejemplo, lleva décadas hablando acerca de la pasión humana: de la pasión, sobre todo, por vivir en plenitud. Esta escritora y poeta, psicoanalista jungiana y especialista en estrés postraumático, empezó su trabajo en la década de 1960 en hospitales que albergaban a niños gravemente enfermos y a veteranos de guerra. Hija de padres mexicanos, fue adoptada por inmigrantes húngaros en Estados Unidos. Dice que su conocimiento de la psique humana es fruto sobre todo de la dureza de su propia vida. Yo con poco más de 20 años, criaba sola a tres hijos con la ayuda del Estado. De su extenso trabajo destaca el libro *Mujeres que corren con los lobos*, una parte de cuyos primeros beneficios dedicó a los colectivos que ella más ha defendido. En su obra habla extensamente de las cualidades internas de las personas, que describe como una energía cruda y creativa que habita en mujeres y hombres, pero que la sociedad moderna intenta doblegar. «Algunas personas confunden el amor con la debilidad. Al contrario, las personas que más aman suelen ser las más feroces y las mejor armadas de cara a la batalla... porque les importa preservar y proteger la poesía, las sinfonías, las ideas, los elementos, las criaturas, los inventos, los sueños y las esperanzas, los bailes y lo sagrado... todo lo bueno que no puede dejarse borrar de la faz de la tierra para salvaguardar a la propia humanidad».

La vida occidental actual está basada sobre dos espejismos: la juventud física y las expectativas. Ambas son frágiles y se terminan pronto. ¿Qué queda? Tenemos pocas salidas en nuestra sociedad: el reconocimiento social pasa por el marco estrecho y condicionado de unos logros muy concretos, ante todo el dinero, y también determinados talentos como el deporte o la creatividad. No se mima, ni se admira y, por tanto, no se transmite, la importancia de saber vivir y de saber amar. Si la tristeza resultante de las personas es fruto de una actitud o una predisposición enfermiza, hacemos bien en movilizar los recursos médicos para combatirla. Pero si lo que en realidad hemos perdido son las ganas de vivir, lo único que hay que hacer es encontrar qué parte de nosotros mismos perdimos en el camino.

Recuerdo el comentario que me convenció de ir a ver una película basada en el libro de Richard Yates, *Vía revolucionaria (Revolutionary Road)*. En la mesa de al lado de una terraza, un grupo de parejas de cuarenta y tantos años hablaba de las últimas películas que habían visto. Uno de ellos dijo: «La película que estoy seguro de que *no* iré a ver es *Revolutionary Road*. He visto el tráiler, y para ver lo que ya tengo en casa...». La película narra la historia de una mujer que fracasa estrepitosamente en la consecución de lo que ella cree que es su sueño —ser actriz— y que vuelca toda su frustración en su marido. Quiere que él sea un famoso escritor y fantasea con instalarse con su familia en París para disfrutar de una vida bohemia. Sin embargo, él es un contable acomodado que no desea más de lo que la vida ya le ofrece: una casa confortable en un barrio de una gran ciudad, dos hijos y un trabajo estable. En sus planes no está lo grandioso. A lo largo de la película, él se convierte paulatinamente, y sin querer, en el verdugo de los sueños de su mujer. Y sin apenas darse cuenta, el desastre acecha, porque ella le castigará por su supuesta incapacidad para alimentar la necesidad de pasión y de libertad que la oprimen.

Cuando vi la película comprendí el comentario del hombre de la terraza: como tantas parejas, ésta cae en la tentación de repartirse los papeles de forma inconsciente. En este caso, ella ha decidido que él ha de llenar su aburrida vida de pasión. No es capaz, o no se molesta, en hacerlo por sí sola. Únicamente consigue recriminar al otro hasta, literalmente, la muerte. Las cosas no suelen ir tan lejos entre las parejas. Solemos inclinarnos más bien por el reproche mudo, aunque a veces sangrante, que estalla en momentos concretos pero que se puede desviar. Suele crecer por sí solo, como una mala hierba vigorosa, el reconocimiento tácito de que la vida real no se ajusta a lo que hubiésemos querido, sobre todo, porque él o ella está a mi lado.

La década de 1950 marcó tal vez, tras una guerra mundial cruenta, el principio de una forma de vivir muy característica. Hasta entonces la supervivencia era la norma; no había apenas tiempo para más. Sobrevivir era por sí mismo un triunfo: todo escaseaba y había poca ayuda externa. Unas décadas más tarde, la falta de pasión se ha convertido en uno de los problemas más acuciantes de una sociedad obsesionada con la vida urbana, la televisión, los coches, las comodidades, los ordenadores, las soluciones rápidas... Es la vida exprés. Encerrados en las oficinas, apilados en pisos, cada día vivimos más alejados de la vida primigenia natural y salvaje. Vivir ya se ha convertido en un camino que exigimos que sea seguro: no queremos correr el menor riesgo, lo calculamos todo, tenemos médicos y dotación hospitalaria y un estado de bienestar que supuestamente se ocupa de todo. Delegamos nuestras responsabilidades para centrarnos en los pequeños placeres de la vida diaria.

En el mundo seguro y anestesiado donde vivimos la pasión se ha refugiado tan sólo en el amor pasional. Como éste no suele ser ni frecuente ni duradero, el siguiente recipiente natural de la pasión parece ser el sexo. Pero en las relaciones sin pasión no hay sexo apasionado. Intentamos sobrellevar este problema cambiando de pareja, pero no tiene fácil solución.

Cuando se busca la pasión fuera de uno mismo, cuando algo tan básico para la felicidad pasa a depender de otro, el resentimiento y la decepción mutuos son inevitables. Decía Georges Duhamel: «Si quieres amistad, dulzura y alegría, llévalas contigo». Todo lo que necesito está en mí: es difícil acceder a este convencimiento pues resulta tan tentador poner la vida de uno en manos de los demás. Y al principio, dentro de uno se hallan sobre todo las ruinas inconexas con las que no se sabe si se será capaz de construir el milagro. Pero poco a poco, dentro, es donde se construye lo único necesario. Cuando ya no dependes del exterior es cuando los demás pueden acceder a ese recinto particular y sagrado.

A Michael Steger, psicólogo de la Universidad de Colorado, Estados Unidos, le llamaba la atención lo distintas que pueden ser las formas en que las personas llevan sus vidas. Algunos se sacrifican abiertamente por el bienestar de los demás, mientras otros se centran con determinación en perseguir sólo su diversión. ¿Qué tipo de comportamiento, se preguntó Steger, resulta más satisfactorio? ¿La búsqueda del bien o la del placer? Los resultados de su estudio indican que a mayor número de actividades significativas, mayor felicidad y sensación de que la vida tenía sentido. Curiosamente, las actividades hedonistas no incrementan la sensación de felicidad. «A menudo pensamos que la felicidad viene de conseguir cosas para uno mismo», dice Richard Ryan, psicólogo de la Universidad de Rochester. «Paradójicamente, es probable que sea más satisfactorio dar que recibir. Es un mensaje importante en una cultura que suele transmitir el mensaje contrario». «Soy un cínico», remataba Steger, el autor del estudio, tras las conclusiones del mismo. «Por eso me alegro de que este estudio refleje una visión tan optimista de las personas».

Otro dato interesante llega de la mano de unos estudios recientes: «Para maximizar la felicidad, conviene elegir los cambios intencionados en lugar de los cambios circunstanciales», asegura Richard Wiseman, el catedrático británico especializado en la comprensión pública de la psicología. Un cambio circunstancial es aquel que implica un cambio importante en nuestras circunstancias vitales; por ejemplo, cambiar de casa, un aumento de sueldo o la compra de un coche. El cambio intencionado, sin embargo, describe el esfuerzo por lograr un objetivo o empezar una nueva actividad; por ejemplo, hacerse miembro de un club, empezar un *hobby*, cambiar de carrera... Las personas experimentan una elevación notable en su nivel de felicidad ante ambos tipos de cambios, circunstanciales e intencionados. Pero quienes viven un cambio circunstancial regresan muy pronto al punto inicial, o nodal, de felicidad; en cambio, las personas embarcadas en cambios intencionados mantienen el nuevo nivel de felicidad durante un tiempo mucho más prolongado.

Los expertos achacan esta diferencia a lo que denominan *habituación hedonística*; es decir, a lo fácil que resulta acostumbrarse a las cosas buenas que acompañan los cambios circunstanciales positivos. El cambio intencionado logra evitar esta trampa porque siembra el horizonte de cambios psicológicos continuados. No todo se centra en un único objeto de deseo, sino en un camino entero por recorrer. «Haz el esfuerzo de empezar un nuevo *hobby*, un proyecto importante, o prueba algún deporte al que nunca antes has jugado», dice Wiseman. Eso sí, recalca: «Elige actividades que vayan bien con tu personalidad, tus valores y tus habilidades».

La disolución de la tristeza

Cuando me preguntan qué tipo de ayuda o de terapia me atrae más, tiendo a mencionar las terapias que están centradas en una visión optimista del ser humano, las que sustentan como pilar básico que en la mayoría de los casos las soluciones a los conflictos y al dolor de las personas se encuentran en su interior. De este campo amplio se podrían destacar muchos enfoques, pero como muestra quisiera aquí describir brevemente dos escuelas específicas.

La primera, la terapia centrada en la persona, del padre de la psicología humanista, Carl Rogers, por la inmensa influencia que ha tenido en tantas personas y por las formas de abordar la comprensión y la sanación de la psique humana. Y la segunda, la terapia breve, por ofrecer una solución que, como en un cuento de hadas, nos recuerda que a veces lo más sencillo puede funcionar. Ambas podrían resumirse en estas palabras: Todo lo que necesito está en mí.

«Estar educado significa tener la capacidad de cambiar», aseguraba Carl Rogers. Su enfoque destaca que cada persona tiene de forma innata la tendencia natural a querer dar lo mejor de sí, y también la capacidad de comprenderse y de curarse a sí misma. Al contrario que Freud, Carl Rogers consideraba que el ser humano nace con el instinto y la capacidad innatos positivos y constructivos: por eso somos capaces de descubrir, de inventar, de amar y de proteger. Por ello, aseguraba que la paradoja más curiosa es que «... cuando las personas se aceptan a sí mismas como son, entonces pueden cambiar», porque el germen de su propia capacidad de transformación positiva está en ellas y es innato.

Sólo algunos de los poderosos condicionamientos externos que impone la sociedad al individuo llegan a ahogar las capacidades y necesidades naturales de las personas. Debido a ello crean defensas en lo que Carl Rogers llamaba el «ser real» —el ser original e inocente—. Cuando las expectativas de la sociedad se hacen imposibles por irreales o por desnaturalizadas, la persona se blinda tras sus defensas. Y, con tal de sentirse mejor consigo mismo, será capaz entonces de negar y de distorsionar la realidad.

Las personas sanas, libres, responsables y creativas tienen estas cualidades, decía Rogers:

— están abiertas a la experiencia: no ponen defensas, aceptan la realidad, aceptan sus sentimientos;

— viven en el presente;

— se fían de sus intuiciones y de sus instintos, que son naturalmente positivos;

— se responsabilizan de sus elecciones;

— y, como se sienten libres y responsables, plasman su deseo de participar en el mundo mediante la creatividad. Ésta se expresa de forma diversa, desde el ejercicio de la responsabilidad social hasta la educación de los hijos.

El matrimonio formado por Steve de Shazer e Insoo Kim Berg alumbró la terapia breve, una mirada minimalista y eficaz para impulsar los procesos de cambio que para ellos eran una parte inevitable y dinámica de la vida cotidiana: «No nos centramos en las defensas de las personas, sino que damos por sentado que quieren una vida mejor y que pueden lograrla. Las personas que no tienen esperanza de cambio ni siquiera se molestan en leer o en acudir a una psicoterapia. Nos dirigimos a la parte esperanzada de las personas. Somos el aliado de sus fortalezas y de sus esperanzas».

Esta terapia pone del revés los procesos de psicoterapia tradicionales con técnicas sencillas, con las que cada persona intenta formular por sí misma la solución al problema que arrastra. Así, se pone énfasis en la confianza, las competencias, los recursos y el autoconocimiento de cada paciente, minimizando el tiempo y el esfuerzo empleados de manera habitual en los procesos terapéuticos para intentar encontrar una solución práctica lo más rápido posible.

Los fundadores de esta terapia partieron de la base de que muchos problemas no se presentan de forma permanente o constante, sino sólo ocasionalmente. ¿Qué ocurre en las etapas en las que el problema no se manifiesta? Tras estudiar a cientos de pacientes, descubrieron que las personas son capaces de hacer de forma instintiva muchas cosas pequeñas que alivian sus problemas habituales, sin ser realmente conscientes de ello. La terapia breve desvela estos comportamientos y anima a los pacientes a llevarlos a cabo de forma voluntaria. A menudo, aseguraban los creadores de la terapia breve, las soluciones propias de cada persona son más rápidas de aplicar y más eficaces que las soluciones alternativas diseñadas para casos generales. Es el caso de su conocida *pregunta milagro.*

«Quisiera preguntarte algo un poco extraño... Supón que llegas a casa esta noche... y te vas a dormir... y te duermes como siempre... y, mientras estás dormido, ocurre un milagro... y el milagro es que los problemas con los que te has dormido se han esfumado... No te has dado cuenta porque estás dormido... pero ¿qué notarás mañana al despertar? ¿Cómo sabrás que ha ocurrido un milagro?».

A partir de este guión muy personal, las preguntas que ayudan en el proceso de cambio se centran en dónde, cuándo y quién se comportará, a partir del milagro, de forma diferente. Se puede adoptar la perspectiva de la persona interesada, o de alguna de las personas que la rodean —pareja, padres, hijos, compañeros de trabajo—. Se trata de lograr una descripción lo más realista posible de cómo sería esta nueva vida tras el milagro y de describir los pasos concretos que ayudarán a plasmarlo en la vida real (los puntos suspensivos indican el problema particular supuestamente erradicado): «¿Qué cosa harás de forma distinta ahora que ya no...? ¿Cómo te sientes ahora que no...? ¿Quién se dará cuenta de que ya no...? ¿Qué harán cuando tú ya no...? ¿Cuál será la primera señal de que ya no...? ¿Qué tiene que pasar para que ya no...? ¿Cómo puedes conseguir esto?».

La terapia breve también trabaja con una escala con la que se puede medir el progreso logrado. En esta escala, el 10 es el día justo después del milagro, y el 0 es el día en el que el problema era más acuciante. «¿Dónde te sitúas ahora mismo?». Las preguntas en esta etapa deberían centrarse de nuevo en dilucidar qué aspecto, sensación y comportamiento serán necesarios para plasmar el milagro (de nuevo, los puntos suspensivos representan el milagro): «Ahora que estás en este punto de tu escala, ¿qué ha cambiado?». «¿Qué haces ahora que sea diferente?». «¿Qué hacen o dicen ellos ahora que tú...?». «¿Cómo se han dado cuenta de que tú...?». «¿Por qué has decidido hacer esto?». «¿Cuántas veces tienes que repetirlo?». «¿Cómo ascenderías en la escala si repitieses este comportamiento?».

En lugar de centrarse en resolver problemas, la terapia breve se centra en construir soluciones: «Hemos descubierto que no hay ninguna conexión entre un problema y su solución, ninguna en absoluto. Porque, cuando pides a un cliente que te cuente su problema, te dará una descripción; pero, si luego preguntas acerca de la solución, te dará una descripción muy diferente de lo que cree que podría ser su solución. Por ejemplo, una familia terrible, alcohólica, dirá: "Cenaremos juntos y charlaremos. Saldremos a dar un paseo". Esta gente tal vez ha tenido en la vida a personas que les han dado consejos muy sensatos o que les han dicho: "¿Por qué no pruebas esto o lo otro?", "¿Por qué no dejas de beber?". Pero resulta evidente que esto no ha ayudado a estas personas a cambiar nada. Así que ahora les preguntamos acerca de su propio plan, no lo que *yo* quiero para ti, sino lo que *tú* quieres para ti mismo. ¡Ni siquiera sabías que tenías un plan! De hecho, no lo tenías cuando empezamos a hablar. Pero, a medida que hablamos, poco a poco, empiezas a desarrollar un plan detallado. Las personas tienen todo lo que necesitan en algún lugar, dentro de sí mismas, pero no saben cómo organizarlo. Creo que, cuando hablamos, ellos encuentran la forma de hacerlo y ponen cada pieza en su lugar. Las personas tienen esa habilidad innata para crecer dentro de sí mismas, pero de alguna manera se bloquean».

La resistencia al cambio se da en parte porque vivimos presos de un paradigma, de una comprensión del mundo que nos rodea, obligatoriamente limitada. Necesitamos para encarnar la vida una estructura, una forma de ver y comprender que nos limita pero que también nos permite funcionar. Nuestra visión, nuestra comprensión, no puede abarcar la totalidad. Sólo poco a poco se puede comprender y transformar. Las crisis por las que atravesamos indican que estamos rebosando la capacidad del paradigma personal, que estamos inmersos en un proceso incómodo pero vivificante que nos impulsa a trascender nuestros propios límites.

Cambiar el paradigma que nos aprisiona —transformar poco a poco la compresión del mundo que nos rodea— implica cambiar las manifestaciones, las rutinas aprendidas que ya no responden al lugar donde nos ubicamos ahora. Cuando las rutinas se vuelven incómodas, son el indicio de que están clamando para ser desechadas o transformadas. Este esfuerzo cuesta, porque desaprender lo lentamente aprendido es algo que el cerebro se resiste a hacer. Hace falta motivación y estar dispuesto a repetir y a deshacer, una y otra vez. Si no, el paradigma antiguo finalmente recupera el terreno perdido e impide el cambio.

En este proceso el camino a veces se hace a ciegas, por intuición, a golpe de resiliencia. Para ello, decía Jung que en esta vida es importante tener un secreto, una premonición de lo desconocido: «Las personas que nunca lo han experimentado se han perdido algo importante. Debemos intuir que vivimos en un mundo que de alguna manera es misterioso, que ocurren cosas que se pueden experimentar que son inexplicables, que no todo lo que ocurrirá puede predecirse. Lo inesperado y lo increíble pertenecen a este mundo. Sólo así puede la vida estar completa».

Muchas personas viven deliberadamente de espaldas al misterio y a la fe porque estos conceptos tienen connotaciones sospechosas para ellas: arrastran el antiguo deseo de los hombres de explicar el misterio de la vida de un plumazo, y de paso imponer sus deseos a los demás mediante un dogma revelado. Hay que librarlos de ello, arrebatar al oscurantismo la posesión de estos ámbitos del pensamiento libre humano. La intuición del misterio es la capacidad de mirar con los ojos entreabiertos hacia el misterio de la vida. ¿Por qué amamos, por qué nos sobreponemos, por qué ayudamos, por qué inventamos? ¿Qué es lo que hace que nos decantemos entre el resentimiento o la compasión? ¿Entre el miedo y el amor? A veces sólo lo que presentimos nos ayuda a tender los puentes, a cruzar los abismos que nos llevan hacia nuevos conocimientos y nuevas comprensiones.

Desde un punto de vista pragmático, intentar comprenderlo todo sólo significa que hemos renunciado a hacerlo. Con la inocencia y la humildad con las que llegamos al mundo intuimos entonces, y aún no hemos olvidado, que tras el misterio de lo desconocido se ocultan los confines inmensos y tentadores de la vida.

IV

La tentación

Nada cobra cuerpo sin esfuerzo: de la semilla a la eclosión, de la idea al libro, de las células al órgano, de la primera mirada al amor. Del inconsciente a la conciencia y de lo potencial a la existencia. El reto es lograr extraer, de la masa informe, formas tangibles. La vida ha de arrancarse de un mar de posibilidades.

Sólo los más pequeños o los perezosos creen que todo llega hecho. Mirar más allá de las apariencias descubre muy pronto el milagro del destello que surgió de lo invisible. Arrancamos de lo muy profundo algo concreto y claro. Lo que no supimos o no quisimos rescatar de ese lugar primigenio quedará, perdido o expectante, hasta que alguien con instinto y esfuerzo logre darle forma. Es un mundo por hacer.

Cuando escribo a veces quiero abandonar. No sé bien por qué. Suele alzarse el fantasma de la pereza, la tentación de querer vivir cómodamente, de no contradecir un instinto atávico de supervivencia y de disfrute que ordenan apartarse de cualquier problema o potencial amenaza. Este deseo combinado de comodidad y de seguridad dificulta el proceso creativo.

No es ésa la única razón que subyace a mi desazón, lo sé. Hay otras razones: las palabras que plasmo sobre el papel surgen de un lugar oscuro. No es sólo la pereza la que combato cuando escribo, no es sólo el esfuerzo titánico por extraer algo que ofrecer a los demás. Brota también una absurda angustia y a veces cuesta respirar. Es una búsqueda extraña y casi siempre ciega. Hace falta resistencia y un sexto sentido para llegar a tientas hacia esa llamada interna.

No me extraña que a menudo las personas rehuyan el proceso creativo con excusas triviales —no puedo, no quiero, no sé, a nadie le interesa...— hasta desembocar en una vida sin creatividad donde venció la pereza. Frente a la tentación de vivir de una u otra forma, tenemos que elegir entre la búsqueda del mito o resignarnos ante el espejismo plano que algunos llaman realidad; entre la creatividad o la pereza, ocultas, siempre, en el camino hacia el misterio, el mito que nos haga soñar.

La búsqueda del mito

La búsqueda del mito o del arquetipo, término acuñado por Carl Jung para referirse a determinados personajes de carácter monolítico y colectivo, exige que uno se abstraiga de las limitaciones diarias y que busque con todos los sentidos afilados más allá de lo evidente. Requiere también una confianza sólida en la propia búsqueda: quien está dispuesto a tirar la toalla ante cada obstáculo no persevera en la búsqueda de aquello que luego, tal vez, pueda plasmar para que otros también lo alcancen.

Comparado al perfil práctico y asequible de la cotidianeidad, los mitos que inspiran y dan sentido a la vida de los seres humanos son esquivos y elusivos. Su búsqueda ha ocupado las vidas de millones de personas y ha dejado sus rastros en las civilizaciones y culturas en los ámbitos más diversos. ¿Qué buscamos? ¿Y dónde podemos encontrar sus huellas? Algunos psicólogos y psiquiatras —Carl Jung, Alfred Adler, Otto Rank, James Hillman y tantos otros— han trabajado con la convicción de que es necesario lograr traspasar el umbral del ámbito inconsciente —personal y colectivo— para que el proceso de búsqueda y de hallazgo resulte curativo e instructivo. «... Hoy en día la mayoría de las personas se identifican casi exclusivamente con su mente consciente y creen que sólo son aquello que saben acerca de sí mismos... El racionalismo y el pensamiento doctrinario son la enfermedad de nuestro tiempo; pretenden que tienen todas las respuestas. Pero se descubrirán muchas cosas que nuestra visión limitada actual ha declarado imposibles. Nuestros conceptos de tiempo y de espacio tienen sólo una validez aproximada y queda mucho espacio para desviaciones, pequeñas y grandes», advertía el psiquiatra Carl Jung, uno de los grandísimos sabios y visionarios de la psique humana, en sus *Recuerdos, sueños y pensamientos*.

Los mitos dejan sus huellas en los sueños, en los patrones del comportamiento humano, en los pensamientos, las memorias y las emociones universales presentes en los arquetipos almacenados en las tradiciones orales y escritas de todo el mundo. Desvelan el deseo elusivo y urgente de los humanos de comprender y descifrar el sentido de sus vidas. No son, contrariamente a lo que una interpretación plana de la realidad aduce, una explicación ingenua de los misterios de la vida, unas hipótesis caducas acerca de los enigmas cósmicos, meteorológicos o agrarios. Los mitos son más bien la punta del iceberg que revela el enorme misterio que nos rodea. Como nos faltan palabras para expresar lo que intuimos y lo que buscamos, el mito sugiere y recuerda dimensiones que no percibimos en la vida diaria, pero que son tan reales y necesarias como la vida misma. El mito expresa y descifra aquello que no logramos expresar pero que tal vez almacenamos en el inconsciente personal y colectivo, y que genera de forma espontánea e instintiva, a lo largo de los siglos y de las culturas, un simbolismo universal que apela al lado misterioso o invisible de la vida.

Según Jung, el mito es el estadio natural e indispensable entre la cognición consciente y el inconsciente y permite incorporar a la conciencia humana pequeños destellos que proceden de ese ámbito silencioso y poderoso. La creación y la cultura en su sentido más amplio reflejan este deseo urgente de traer a la luz lo que allí yace. Pero no se puede controlar ni aprehender el inconsciente: sólo se puede aprender de él a tientas. «Lo que he escrito son cosas que me asaltaron desde dentro. He permitido que el espíritu que me mueve pudiese hablar. Me he visto obligado a decir aquello que nadie quería oír. Por ello, sobre todo al principio, me he sentido a menudo solo y abandonado. [...] Mi visión subjetiva del mundo [...] no es el producto del raciocinio. Es más bien una visión como la que alcanza quien decide, con los ojos entrecerrados y los oídos algo tapados, ver y escuchar la forma y la voz de su ser. Si nuestras impresiones son demasiado claras, nos vemos atados a la hora y al minuto presentes y no tenemos entonces manera de saber cómo nuestras psiques ancestrales escuchan y comprenden el presente; en otras palabras, cómo nuestro inconsciente está respondiendo a este presente», aseguraba Jung en los últimos años de su intensa vida. Así, las religiones, los mitos, el arte, las filosofías y las mitologías del mundo intentan de diferentes maneras dejar transparentar, a través de los símbolos, la esencia de una verdad demasiado elusiva como para ser claramente enunciada.

Esta lectura del poder del mito en la vida humana sugiere que la elección que tenemos no es ser, o no ser, criaturas en busca de un mito; la elección probablemente consista en decidir si expresamos esta necesidad innata de la psique de forma consciente o si, en cambio, preferimos ignorarla y centrar nuestros pensamientos conscientes en lo tangible; aunque vivir al margen de los mitos no signifique vivir pegado a la realidad, sino vivir limitados por lo que somos capaces de *percibir* de esta realidad.

Uno de los puentes que podemos tender de forma deliberada entre la realidad consciente y los dominios del inconsciente es la ensoñación. La ensoñación es un estado característico de las personas creativas, ya sean científicos, artistas o inventores. Cuando ejercemos la capacidad natural de ensoñación, deponemos las armas de la mente consciente y dejamos que las imágenes y las sensaciones fluyan desde un lugar más elusivo y misterioso. En esos momentos las imágenes y los conocimientos circulan y se retroalimentan entre el estado consciente y el inconsciente. Tanto niños como los adultos, si se les concede el tiempo y la paz necesarios entran fácilmente en los estados de ensoñación y de allí obtienen nuevos conocimientos, nuevas formas de ver y comprender la realidad circundante, las experiencias y las memorias acumuladas. Experimentan entonces diversas y enriquecedoras intuiciones y sensaciones físicas.

Sabemos que durante estos estados, parecidos al trance, la actividad cerebral, la frecuencia cardiaca y la temperatura corporal se alteran; y áreas del cerebro que no se utilizan habitualmente se activan, creándose nuevas sinapsis.

Cuando terminan sus periodos de ensoñación, el niño y el adulto son capaces de conectar su mundo onírico con el mundo exterior y consciente y sacar así partido de las experiencias obtenidas durante la ensoñación, clarificando, fortaleciendo y enriqueciendo su interacción con el mundo consciente. «Los años en los que yo perseguía mis imágenes interiores fueron los más importantes», decía Jung. «Los detalles posteriores fueron tan sólo suplementos y clarificaciones del material que me inundó desde el inconsciente... la materia prima de la obra de toda una vida».

Resulta habitual que los creadores describan el momento en el que llegan a la compresión de un problema difícil de forma casi accidental. Estos momentos, que actualmente se describen como «momentos ajá», se producen cuando el inconsciente arroja inesperadamente sus frutos a la conciencia. ¿Quién o qué los induce? Sócrates creía en la existencia de un *daimon*, una especie de fuerza invisible y misteriosa con la que podía conversar. Tal vez se trate de una voz que proviene —bien porque allí se genere, bien porque allí se almacene— del inconsciente. Los procesos inconscientes en general moldean nuestra vida diaria: se producen, por ejemplo, hasta quince mil actividades neuromusculares que no controlamos de forma consciente para que podamos articular tan sólo un minuto de discurso. Jean Piaget describía estos procesos como parte del inconsciente cognitivo. Hoy en día tendemos a achacar estos procesos a la «intuición», pero no hemos logrado especificar cómo se llevan a cabo exactamente ni de dónde proceden.

Matemáticos como Henri Poincaré, Thomas Alva Edison o Albert Einstein han descrito los procesos creativos como una intrusión cognitiva en la que en algún momento el consciente actuó como un recipiente pasivo. A veces facilitaban este proceso de forma intencionada a través del sueño, de la ensoñación o de la relajación.

Distintos estudios apuntan a la importancia del sueño en los procesos creativos. Uno de dichos estudios confirmó en 2009 que la fase REM potencia la creatividad a la hora de resolver problemas: «Desde hace mucho tiempo se ha especulado con que la solución de problemas de creatividad mejora gracias a determinados estados mentales, como el sueño o la reflexión en silencio, que favorecen el entendimiento», explica Sara Mednick, de la Universidad de California Riverside, Estados Unidos. Sin embargo, «no se han explorado los mecanismos subyacentes». Sí se ha descubierto que, si bien el simple paso del tiempo es suficiente para dar con soluciones a problemas en los que ya se ha trabajado, «sólo la fase REM potencia la creatividad cuando se trata de conflictos nuevos». Se desconoce el motivo, pero los autores sugieren que durante esta fase del sueño es cuando se forman nuevas redes de información a partir de datos que no estaban antes asociados en el cerebro.

Existen muchos ejemplos concretos relatados en primera persona, como la experiencia del químico Dimitri Mendeleiev, el descubridor de la tabla periódica. El 17 de marzo de 1869 Mendeleiev cumplía su tercer día de encierro en su estudio de San Petersburgo trabajando con una particular baraja de cartas que disponía de distintas formas. Intentaba dar con la manera ideal de ordenar los elementos químicos conocidos hasta la fecha, cuyos nombres y propiedades había escrito en tarjetas, pero no terminaba de dar con una solución que le satisficiera. Una noche en que se quedó dormido sobre su escritorio, se despertó sobresaltado. Había desarrollado en sueños la tabla periódica. No era la primera vez que Mendeleiev había atravesado las fases elusivas de la solución de problemas de creatividad. En un primer momento, se producen enfrentamientos intensos y a la vez nada fructíferos con los elementos del conflicto. Ante la falta de resultados se aparca el problema. Poco después se entra en una etapa de trabajo inconsciente. Por último, la solución aparece de forma repentina y, con frecuencia, durante el sueño.

IMAGINAR PARA TRANSFORMAR: IDEAS PARA ENTRENAR LA IMAGINACIÓN

El presumible abismo que media entre la realidad y lo que logramos percibir con nuestros limitados sentidos ha alimentado los debates de filósofos, científicos y literatos durante siglos. Actualmente, este debate sigue en plena ebullición a raíz del hervidero de nuevos conocimientos que arrojan las ciencias cognitivas. Existe la convicción creciente de que tenemos el potencial de ser creativos y de transformar cómo percibimos o experimentamos la realidad. Esto nos otorga una responsabilidad y un poder atinado sobre nuestra vida diaria. Imaginar la vida es una forma de enriquecerla porque la imaginación tiene un impacto mucho mayor sobre la realidad de lo que habíamos intuido hasta hace poco: *sabemos ahora que el cuerpo se modifica química y fisiológicamente al ritmo de nuestros pensamientos.* De alguna manera, lo que pensamos y lo que sentimos es nuestra responsabilidad, y cada persona interioriza ese impacto. Podemos mitigarlo, modificarlo, transformarlo. Somos capaces, por ejemplo, de ejercitar mentalmente un músculo o de lograr frenar el estrés o el miedo mediante el entrenamiento mental.

El poder de la mente sobre el cuerpo es uno de los nuevos campos de conocimiento más asombrosos de este siglo y, sin duda, arrojará grandes sorpresas en las próximas décadas. Uno de sus promotores es el prestigioso médico, psiquiatra y escritor David Servan-Schreiber, que afirma que la clave de la medicina del siglo XXI será el vínculo entre el cuerpo y la mente. En su libro *Curación emocional*, relata cómo curar el estrés, la ansiedad y la depresión sin medicamentos ni psicoanálisis: «Todo empezó durante un viaje a la India durante el cual trabajé con refugiados tibetanos en Dharamsala. Allí descubrí que la medicina tradicional tibetana, basada en la acupuntura y las plantas, funcionaba muy bien con estos refugiados. Constaté entonces que muchos estudios científicos habían demostrado ya su eficacia. También tengo una amiga de la infancia, aquejada de depresión, que rechazó los medicamentos propuestos por su médico. Se curó finalmente por un método no convencional, una especie de hipnosis que yo había aprendido a despreciar en mis tiempos de estudiante. Estaba desconcertado porque, si ella hubiera acudido a mí, sólo le habría recetado Prozac», afirma.

La magnífica pedagoga y psicoterapeuta alemana Marianne Franke-Gricksch relata en un libro titulado *Eres uno de nosotros* diversas técnicas que practicaba con sus alumnos desde hacía años para facilitar el acceso a los estados de ensoñación que les permitieran disfrutar de las ricas y creativas intuiciones que yacen más allá de sus estados de conciencia habituales. Sus técnicas, que referiré a continuación, son sencillas y eficaces. Podemos adentrarnos en este campo con algunos de sus ejercicios.

Estoy en mí

Un primer ejercicio muy sencillo de relajación física consiste en guardar tres minutos de silencio de forma regular. Durante este tiempo, el silencio no es suficiente para conseguir una relajación física pues, cuando estamos en silencio, nuestra mente sigue su curso alocado y el bombardeo de estímulos exteriores continúa captando nuestra atención: seguimos siendo rehenes del mundo exterior e interior. Para ser dueños de nuestros pensamientos, el silencio debe ser voluntario y consciente. Para ello, es importante lograr centrar la mente y la respiración en algo específico.

Marianne Franke-Gricksch sugiere que la persona se centre cada día en un área concreta del cuerpo; por ejemplo, en la parte inferior del cuerpo. Así, sentados y con los pies apoyados en el suelo, sentimos los pies, las piernas, las rodillas, los muslos. Reconocemos si un miembro del cuerpo está más relajado o tenso que otro, si sentimos calor o frío en un lugar específico, si las plantas de los pies están cómodamente apoyadas en el suelo.

Cuando se logra hacer este recorrido por la parte del cuerpo elegida, o por todo el cuerpo si se tiene el entrenamiento suficiente, entonces se combina con la respiración. Respiraremos hasta que sintamos que el aire penetra hasta el último rincón del cuerpo, dejando que el aire llene el estómago, e invada y relaje cada miembro del cuerpo. Se puede visualizar —con colores o con imágenes— cómo el aire entra y sale del cuerpo.

Cuando hacemos este ejercicio con soltura, podemos visitar órganos internos del cuerpo. Marianne relata que invita a sus alumnos a visitar, por ejemplo, su corazón. Ellos entran mentalmente en ese órgano, lo miran, lo escuchan latir, se familiarizan con las sensaciones que experimentan. Durante la visita imaginaria al corazón, podemos imaginar que hacemos cosas prácticas, como por ejemplo encender una vela para poder escudriñar ese lugar oscuro.

Familiarizarse con el cuerpo y con sus órganos, lograr hacer este viaje mental y comprobar cómo somos capaces, al cabo de poco tiempo, de influir de forma rápida en nuestro estado de ánimo o de detectar cuándo estamos tensos o preocupados es un primer paso sencillo y eficaz de cara a la coordinación y la armonía entre el cuerpo y la mente.

Gimnasia mental

Cuenta Marianne que tras una larga convalecencia de cuatro meses por una rotura grave en la pierna, regresó a clase y preguntó si alguien podía adivinar qué pierna había estado encerrada en la escayola. Nadie pudo hacerlo. Explicó que durante todo ese tiempo, a diario, había hecho ejercicios mentales de estiramiento y movilidad con la pierna rota. Cuando le quitaron el yeso, los músculos estaban prácticamente intactos. Varios estudios confirman el poder del ejercicio mental sobre las destrezas motoras. También se ha comprobado la eficacia, en el caso de los músicos, de practicar un instrumento musical de forma imaginaria.

El jardín de la transformación

Marianne Franke-Gricksch sugiere que de vez en cuando, durante los viajes mentales de relajación imaginamos que entramos en un jardín de transformación. En este espacio natural, uno se da permiso para transformarse en lo que quiera: en un poco de hierba que se balancea con la brisa, en trozos de granito inamovibles, en gigantes que corren por el jardín, en pájaros de colores que vuelan por encima de las nubes. Es una forma muy sencilla de favorecer estados de ánimo positivos que nutren químicamente el cerebro, relajan el cuerpo y permiten por unos momentos refugiarse de la rutina o de la dureza de la vida diaria. Se trata de aprovechar el poder de la imaginación para alentar un intercambio cálido y reconfortante entre la realidad diaria y la realidad imaginada.

Transformar la realidad

En este juego, de nuevo las personas se embarcan en un viaje en el que transforman la realidad para imaginar aquello que desean, y recolectar algunos de sus beneficios mentales, químicos y emocionales. «Solemos atraer aquello que deseamos», advierte Franke-Gricksch, y por tanto hay que elegir cuidadosamente las reconstrucciones de la realidad. Esta técnica resulta útil, por ejemplo, para proyectar maneras de resolver conflictos con los demás, imaginando de forma detallada lo que diríamos y haríamos en un contexto ideal, o también para enfrentarse a una situación difícil, como un examen, en el que podemos imaginar que estamos resolviendo con tranquilidad y acierto las preguntas.

Un viaje en el tiempo

Este viaje mental nos invita a atravesar un paisaje imaginado hasta llegar a un espacio —un hogar, un lugar de trabajo— que nos gustaría habitar. Podemos agregar a este lugar todas las salas que queramos, hasta conseguir crear un espacio donde nos sintamos bien y donde podamos realizar, en la imaginación, las actividades que deseemos.

En el centro de este sitio hay un enorme reloj. Giramos las manecillas del reloj hacia atrás o hacia delante, según queramos ir al pasado o al futuro. Este ejercicio permite que podamos revivir una situación difícil que tal vez no haya sido cerrada de forma positiva: es una oportunidad para despedirse de un ser querido, para disculparse por un error, para comprender una situación difícil.

¿Qué sentido tiene cambiar en la mente algo que ya ocurrió? Tal vez no haya que dar a la realidad más importancia de la que ya tuvo. Si salimos dañados o derrotados de una situación, ¿qué sentido tiene repetir aquello mil veces en nuestra imaginación? Resulta positivo cerrar una situación dolorosa de forma intencionada, en vez de revivir los recuerdos dañinos que ya no nos sirven y que, sin embargo, producen consecuencias estresantes a nivel físico y a nivel mental. Una vez comprendida una situación negativa, resulta más constructivo soltar lastre e incorporar un nuevo final curativo a la psique.

Respecto a los viajes al futuro, ofrecen la posibilidad de ensayar situaciones que nos preocupan, o simplemente preguntarse si una determinada situación que anhelamos nos hará realmente felices.

Imaginar, dice Marianne, ayuda a percibir el mundo circundante con más claridad. Cuanto más imaginamos, más precisa se vuelve la imaginación y más sutil es la percepción del mundo que nos rodea. Comprendemos mejor, con tiempo, sin angustias, y por tanto somos más libres de decidir adónde vamos, con quién y de qué manera. Imaginar ayuda a sentir que formamos parte de un mundo con el que interactuamos de forma voluntaria y constante, donde somos capaces de tomar decisiones meditadas sin ser esclavos de sentimientos internos y de estímulos externos que quedan fuera de nuestro control. Recuperar la imaginación es una forma de recuperar el timón de la vida cotidiana y de experimentar la realidad de forma activa y plena.

Desde su amplísima experiencia, ella también reivindica potenciar un modelo de escuela «basada en los ritmos de los niños», un lugar creado al margen del antiguo sistema autoritario, que no pretenda escindir la mente racional del resto de las capacidades humanas físicas, mentales y emocionales. Afirma que en esta escuela holística y renovada, «... los niños exigen ser protagonistas de la enseñanza y no receptores pasivos. Ya no toleran que se les imponga un concepto del mundo sino que quieren descubrirlo ellos. Les damos cajas de letras, palabras, pizarras... y les decimos: "Buscad amigos y aprended a leer". Las implicaciones políticas son grandes: si les dejamos aprender y autoorganizarse, serán menos dóciles: serán ciudadanos independientes». Nos está costando comprender la paradoja de funcionar al margen de un sistema jerarquizado y autoritario no implica responsabilizar y motivar menos, sino mucho más, a nuestros jóvenes.

LAS TRAMPAS DE LA TENTACIÓN: LA PEREZA

La pereza tiene dos aristas particularmente peligrosas. La primera tiene que ver con superar la pereza diaria de lidiar con lo desconocido, con el cansancio que produce la búsqueda del trabajo creativo.

La pereza está reñida con la creatividad. La intuición y el inconsciente difícilmente podrán manifestarse y plasmarse en un trabajo creativo sin haber llevado a cabo el recorrido inevitable de la experiencia vital, intelectual y técnica. El creador no sólo necesita desarrollar, hasta interiorizar, la destreza propia del medio de expresión artística —tocar un instrumento, manejar la palabra escrita, el dominio de la forma y del color...—, sino que además necesita acumular un bagaje de conocimientos que conformará el semillero de experiencias del que podrá brotar su peculiar forma de comprender y de expresar. Esto nos cuesta, a veces, hasta la desazón. Los estudios sugieren que al menos el 24 por ciento de las personas tiende a retrasar o evitar realizar sus actividades. Se trata de una tendencia muy empobrecedora y limitante en la vida de las personas que la padecen de forma reiterada. Involucra muchas posibles causas: perfeccionismo, miedo a fracasar, bajo autocontrol, incapacidad para organizar el trabajo de forma gradual, tendencia al aburrimiento y a la desmotivación, dificultad para prever el tiempo y el esfuerzo que implica un determinado proyecto...

La psicóloga Bliuma Zeigarnik propone una pauta útil para no retrasar el trabajo pendiente. Ella descubrió que el cerebro, cuando inicia cualquier actividad, tiende a sentir ansiedad hasta lograr completarla. Esta característica podría explicar por qué las personas tienden a retrasar el inicio de una actividad: temen ser presas de la ansiedad resultante y retrasan, por tanto, su inicio. Lo que los expertos sugieren es que no se contemple una actividad en su totalidad, sino desde la perspectiva de «Voy a hacer esto sólo durante unos minutos». Así, el miedo a iniciar la actividad disminuye, pero, una vez iniciada, el cerebro ansioso nos ayudará a no abandonar hasta que la hayamos terminado.

Los estudios muestran que la visualización es una herramienta eficaz para motivarse aunque con una condición notable: hay que alternar el disfrute mental de los posibles beneficios de un objetivo con la contemplación de los problemas que puedan surgir. Es la técnica que el psicólogo Richard Wiseman llama *doublethink*, el pensamiento doble, en función de los estudios de Gabriela Oettingen, de la Universidad de Pennsylvania, Estados Unidos. Esta psicóloga ha llegado a la conclusión de que las personas más exitosas aúnan el optimismo con el realismo: se trata primero de visualizar una meta con los dos beneficios más importantes que esperamos derivar de ella y, a continuación, reflexionar acerca de los problemas más probables a los que uno también se tendrá que enfrentar. Este procedimiento, aconseja la psicóloga, ha de repetirse de forma individual con el primer y el segundo beneficios y obstáculos que consideremos más importantes y probables.

El propio Richard Wiseman llevó a cabo unos experimentos sobre la motivación con más de cinco mil participantes en todo el mundo. Al final del experimento, sólo el 10 por ciento de las personas habían logrado conseguir sus objetivos. Las cinco técnicas más eficaces que emplearon las personas exitosas eran éstas:

1. Dividieron sus metas en una serie de submetas claramente delimitadas en función y tiempo. Creaban

así un proceso paulatino que reducía el miedo que suele acompañar los cambios vitales importantes.

2. Contaron sus planes a amigos, familiares y colegas: las personas se atienen más a lo que han dicho a otras personas.

3. También se recordaban regularmente a sí mismas los beneficios que obtendrían al conseguir sus metas: no se trata de soñar despiertos, sino de mantener esos beneficios muy presentes.

4. Cada submeta alcanzada merecía una recompensa, aunque ésta fuese modesta.

5. Por último, los participantes más exitosos plasmaban sus propuestas de forma muy concreta, en un diario escrito o a través de dibujos o de gráficos.

La segunda arista de la pereza surge al buscar la mente certezas donde no las hay.

Casi toda la actividad del cerebro humano es misteriosa y secreta. Sabemos, sin embargo, que consume mucha energía, mucha más de la requerida por el resto de los seres vivos. Los grandes simios, incluida nuestra especie humana, muestran una correlación entre metabolismo y tamaño corporal similar a la de los demás mamíferos. Pero es curioso que la cantidad de energía que consume el cerebro humano es tres veces mayor. En este sentido, destacan los datos recopilados por los científicos William Leonard y Marcia Robertson. Los primates antropoides utilizan más o menos un 8 por ciento de energía para su actividad cerebral; otros mamíferos no humanos consumen en torno a la mitad. Los humanos, en cambio, necesitan un 25 por ciento.

¿A qué dedica el cerebro humano este porcentaje tan elevado de energía? Se podría responder a esta pregunta que nuestro cerebro humano necesita más cantidad de energía que el resto de los animales para organizar, predecir, inventar o imaginar. Una de las metas de esta actividad intensa, casi frenética, es protegerse, una vez más, de los posibles peligros circundantes.

La gran tentación que ofrece un cerebro miedoso y perezoso que quiere amarrar todas las respuestas con facilidad es diseñar un mundo en blanco y negro donde los buenos moran en un lado y los malos, en otro. El afán por tenerlo todo controlado configura las divisiones entre «ellos» y «nosotros». Para ello, el cerebro utiliza sin remordimiento —y casi sin darse cuenta— todas las herramientas a su disposición: una memoria que reescribe la historia a su antojo, la capacidad de olvidar aquello que no le interesa o la tendencia a pensar de forma parcial y simplista. Pensamos que lo tenemos todo controlado, que nuestros pensamientos son justos y equilibrados, pero en realidad vivimos atados a unos raseros de seguridad que aplicamos ciegamente y que condicionan y limitan nuestro comportamiento.

Pensar así resulta muy tentador: durante un tiempo, y de alguna manera, sentimos protección, poder o placer cuando creamos y aplicamos los raseros de seguridad que simplifican el mundo. Todas las tentaciones tienen su atractivo, por eso cedemos a ellas hasta convertirlas en hábitos o mecanismos protectores habituales. Pero de forma inevitable toman las riendas de nuestra vida y dictan sus leyes inmutables y simplistas: renunciamos entonces a estar conectados, a la curiosidad y a la complejidad, a la colaboración sutil con una vida siempre cambiante. Desconectamos, simplificamos y asediamos.

¿Cómo podríamos dejar de albergar estas respuestas a menudo irracionales e injustas hacia los demás?

Difícilmente podremos escapar a la tentación de crear nuestros raseros de seguridad automáticos si no sabemos detectarlos. Este aprendizaje básico debería llevarse a cabo en el hogar y en la escuela, pero allí en general aprendemos justamente lo contrario: a confeccionar más defensas para sobrevivir en los grupos humanos y culturales específicos que nos han tocado en suerte. Así, la pereza o el miedo dictan las palabras, los actos y los pensamientos de las personas hasta convertir la riqueza y la complejidad humanas en una caricatura plana y peligrosa. Se trata de simplificar la realidad hasta distorsionarla. «La realidad consciente», dice el filósofo David Livingstone Smith, «tiene más de sueño, de invento, de ficción o de fabricación de lo que nos gusta reconocer... Las formas más peligrosas de autoengaño son las colectivas: el patriotismo, las cruzadas morales, el fervor religioso que recorre las naciones como una plaga, dividir el mundo en bueno y malo, defensor y agresor, verdad o mentira. Todos somos criaturas frágiles y necesitamos amparo para resistir el frío de la noche; pero una cosa es tolerar un poco de autoengaño, y otra muy distinta promoverlo de forma activa».

El dogma, la distracción, la mentira, la pasividad y la frialdad son raseros de seguridad del cerebro que sigilosamente colonizan y dictan muchas vidas. Éste es su perfil.

La certeza

Para poder comprender sin dudar, para no tener que cuestionar, sucumbimos a la tentación de la certeza. Queremos respuestas rápidas y resolutivas porque estamos cansados, enfadados o asustados. La certeza es una forma rápida de zanjar una realidad compleja y difícil. El pensamiento en blanco y negro evita enfrentarse a la extraordinaria complejidad y ambigüedad de las relaciones y de las emociones humanas. La complejidad es siempre desordenada, y a muchas personas les asusta el desorden y la ambigüedad. Para muchos es sinónimo de error o de ignorancia y, por tanto, de debilidad. Por ello aplicamos nuestras certezas, aunque éstas simplifiquen la vida hasta deformar sus contornos.

Una forma muy corriente de reducir la complejidad es simplificar o caricaturizar la intensidad, la profundidad o la complejidad de los hechos y de las emociones. Ocurre, por ejemplo, cuando reducimos cualquier disputa entre personas a etiquetas planas como el sexismo, el racismo o el fascismo, con palabras tan sobreutilizadas y en contextos tan dispares y a veces absurdos que pierden su sentido y sólo significan eso: una negación, excluyente de forma tajante. Es una trampa en la que caen determinados activistas o políticos, sobre todo al amparo de los sistemas políticos menos justos o más inmaduros, porque temen que cualquier concesión a la realidad desemboque en una pérdida de poder. La retórica reemplaza entonces el análisis y la resolución creativa de los conflictos.

La distracción

La distracción es una de las tentaciones más admitidas y fomentadas de la pereza en nuestra sociedad de consumo: la búsqueda de placer y de poder ocupa el tiempo y las aspiraciones de millones de personas. Una sociedad que todo lo soluciona a base de recetas rápidas que permitan cuanto antes retomar la actividad frenética, sin mirar atrás, es una sociedad que ha caído en la tentación de la pereza mental y emocional y ha renunciado a la complejidad moral, mental y emocional que caracteriza a los humanos.

Distraerse también es no darse por enterado, ignorar la realidad. Ignoramos no sólo cuando desconocemos, sino también cuando damos la espalda de forma intencionada para no ver, no sentir o no escuchar. Muchas personas instruidas y con consciencia eligen ignorar aquello que no les conviene reconocer. La ignorancia, entendida como falta de conocimiento o falta de atención, parece eximirles de la necesidad de responsabilizarse.

La mentira
Inventar excusas no sería tan eficaz si no pudiésemos creernos nuestras propias mentiras. Uno de los mecanismos que nos facilita este proceso perverso es la autojustificación, de la que hablamos anteriormente.

Cuando la autojustificación se impone a la realidad, se dan las condiciones ideales para que se establezca la dinámica característica entre víctimas y verdugos: la víctima se pregunta qué ha hecho para merecer lo que le ha ocurrido y el verdugo justifica sus actos demonizando a la víctima. Es uno de los mecanismos más corrientes entre personas de cualquier edad y condición: terroristas, padres que abusan de sus hijos, maltrato de género, acoso escolar... En todos los casos la víctima intenta comprender y justificar «por qué algo así me pasa a mí, que soy una buena persona», mientras que el verdugo —o, en el caso del acoso escolar, no sólo el verdugo sino además la mayoría de los niños que apoyan al verdugo— justifica su ensañamiento o su desprecio proyectando sobre la víctima aquello que pueda respaldar el daño que se le inflige.

No sólo somos presas del mecanismo de la autojustificación. Las personas tienden a pensar de acuerdo a distintos sesgos cognitivos. Los sesgos cognitivos son el resultado de un comportamiento mental evolucionado: algunos son adaptativos, porque ayudan a tomar decisiones de forma más eficaz o más rápida; otros surgen porque fallan o faltan los mecanismos mentales adecuados, o porque un sesgo adaptativo se aplica en circunstancias equivocadas. Vivir presa de los sesgos cognitivos dificulta de forma notable el pensamiento crítico y la transformación creativa. Existen decenas de sesgos cognitivos: el sesgo de confirmación, por ejemplo, difumina cualquier dato que no cuadre con lo que deseamos creer; el sesgo de falso consenso es la tendencia a creer que la mayoría comparte nuestras opiniones y valores; el sesgo egocéntrico es la tendencia a creer que nuestra aportación a un proyecto colectivo ha sido decisiva...

También utilizamos muchos mecanismos defensivos que consolidan el básico de la autojustificación: la represión —una amnesia motivada—, la negación —el hecho de negar una memoria o una percepción real—, la proyección —atribuir a otra persona un rasgo que en realidad es nuestro—, la racionalización —atribuir estados mentales a razones engañosas—...

En general no nos enseñan los peligros de estos mecanismos innatos, sino que nos dejan enredarnos en sus trampas. Por ello es relativa y tristemente sencillo manipular a un colectivo: basta con que su pensamiento discurra a lo largo de un sendero marcado, jalonado por los latiguillos automáticos y no atendidos en los que ha sido entrenado.

Los psicólogos sociales aconsejan, para evitarlos, vigilar lo que se denomina la pirámide de elecciones: tomamos en el inicio una decisión y la justificamos a medida que pasa el tiempo para reducir la contradicción de esta elección. Así, podemos acabar lejos de nuestras intenciones o principios originales. Volver a recordar la razón original por la que realmente tomamos una decisión —o no la tomamos— ayuda a deshacer esta pirámide de autoengaños.

La pasividad

Existe algo que mina nuestra capacidad innata de ayudar a los demás: la pasividad, que nos incita a mirar hacia otro lado, a no responsabilizarnos de lo que nos rodea o a delegar el cuidado de los demás en personas y organizaciones que, supuestamente, tomarán las decisiones acertadas por nosotros. No sabemos a ciencia cierta qué harán, pero esperamos que hagan algo: el gobierno cuidará de las necesidades de sus ciudadanos más pobres, algún adulto ayudará a ese niño desamparado.

«A veces sentimos que lo que hacemos es tan solo una gota en el mar, pero el mar sería menos si le faltara una gota», afirmó la madre Teresa. En realidad, no sólo cuentan nuestros actos, sino el extraño poder que tiene el ejemplo que damos a los demás y que multiplica la repercusión de nuestros actos. Los psicólogos llaman «elevación» al sentimiento de calidez y de emoción que nos provoca ser testigos de los actos compasivos y generosos de las demás personas. El altruismo ajeno conmueve y se contagia con facilidad.

Hay un truco perverso para quien, sin embargo, prefiera optar por la pasividad extrema: para ser pasivos sin darse apenas cuenta, no se fijen en aquello que están ignorando o apartando de sus vidas. No piensen en ello, no lo miren siquiera. La falta de atención, deliberada o accidental, apaga la empatía humana. Un ejemplo de este comportamiento se muestra en un estudio de la

Universidad de Princeton en el que participaron cuarenta seminaristas del Seminario Teológico de Princeton. Tenían que impartir un sermón breve sobre la compasión ante un tribunal. A la mitad de los seminaristas se le asignó un tema bíblico al azar; a la otra mitad, la parábola del buen samaritano (aquel que ayuda a un hombre necesitado ante la indiferencia de los demás). Todos escribieron su sermón en una sala de exámenes. Cada quince minutos, uno de ellos se levantaba para ir a dar su sermón en otra sala en un edificio contiguo.

Camino de este edificio, cada seminarista se cruzaba con un hombre tendido en el suelo que gemía y sufría. Sólo dieciséis seminaristas se detuvieron para auxiliar al hombre necesitado. No pararon en mayor medida aquellos que acababan de estudiar la parábola del buen samaritano, tal vez porque la empatía no es un ejercicio intelectual. Y aquellos seminaristas que iban con el tiempo justo casi nunca quisieron parar: la tiranía de lo urgente se los llevó por delante.

Si el paso intermedio para despertar el altruismo es la empatía, es decir, la capacidad de sentir física y emocionalmente lo que siente el otro, ¿qué elementos impiden este mecanismo innato? Básicamente, cualquiera que nos lleve a tomar distancia física, mental o emocional:

— La distancia física, es característica de las nuevas tecnologías: todo parece virtual e incluso podemos «apagar» aquello que podría causar la emoción antes de que nos invada.

— La distancia mental, que consiste simplemente en no prestar atención. Para que la empatía fluya, un elemento importante es fijarse en el otro, dar tiempo a crear esa conexión emocional con otra persona. Los sociólogos hablan del trance urbano como de un elemento que apaga la empatía: en una calle bulliciosa de una ciudad las personas tienden a encerrarse en sí mismas ante el bombardeo de estímulos.

— La pertenencia a grupos sectarios, de índole ideológica, que se reúnen en torno a una idea o a una animadversión común y que utilizan el mecanismo de autojustificación para no sentirse mal con lo que hacen.

— Delegar las responsabilidades en otros para sentirnos mejor. Hemos organizado una jerarquía social donde hemos asignado nuestras responsabilidades sociales a expertos y delegados para que ellos se ocupen, en teoría, de todo en nuestro lugar. Aunque técnicamente podríamos hacer muchas elecciones a lo largo del día, por ejemplo, como consumidores, la realidad indica que una inmensa mayoría no suele hacerlo.

La frialdad: vivir sin emoción

Cada vida está tejida por las emociones que la componen. Estas emociones pueden ser agresividad, resentimiento y desconfianza, o emociones luminosas, generosas, curiosas, abiertas a la vida. Salimos con ellas al mundo.

Hace unos meses, me llamó la atención la controversia suscitada cuando el presidente de Estados Unidos, Barack Obama, dijo que quería jueces «... capaces de ponerse en la piel de cualquier minoría desfavorecida». Los críticos apostillaron: «¿Quiere que los jueces apliquen justicia desde la emoción? ¡Qué error!». Obama aseguró que no era posible contentarse con apreciaciones frívolas acerca de un juez, con decir de él, como si aquello significase algo: «Quiere a su mujer o a su marido, quiere a su perro...». Cualquiera puede querer a lo que hay en su entorno más cercano. Pero un juez, decía

Obama, no es un simple árbitro de tenis; su decisión tendrá un impacto sobre la vida y la muerte de las personas que va a juzgar. Por tanto, su generosidad y su capacidad de ponerse en la piel de los demás deben ser universales.

Las críticas a las palabras de Obama surgen de un miedo ancestral a la emoción. Debido a una larga tradición que ha enfrentado la razón y la emoción, nos cuesta unirlas y equilibrarlas. Pero la emoción no tiene por qué ser irracional, descontrolada ni subjetiva. De hecho, las emociones descontroladas no señalan emociones más plenas sino, simplemente, emociones desordenadas.

Las críticas también surgen del miedo adicional a asumir demasiadas responsabilidades por la vida de los demás. Pero para aquellos que tienen, en cualquier sentido, la vida de los demás en sus manos —maestros, médicos, políticos, jueces, enfermeros...— la coherencia vital, personal y social, parece imprescindible. En los países latinos, sin embargo, se valora la vida sobre todo desde un punto de vista familiar y personal. Lo social, en cambio, parece cosa del gobierno, de normas impuestas para reprimir los intereses personales de cada uno. De mis años pasados en Inglaterra conservo la costumbre de leer, en el boletín anual de mi universidad, los obituarios de los estudiantes fallecidos. No conozco a ninguno de los que se mencionan allí, porque muchos estudiaban cuando yo aún no había nacido. Pero me gusta contemplar, durante unos segundos, la visión de conjunto de una vida humana desconocida que intentó abrirse paso y dejar una huella en el mundo. ¿Cómo lo hizo? ¿Fue difícil? ¿Dónde puso los límites? ¿Cuánto se sacrificó? Enseguida reconozco la estela de aquellas personas que evidentemente no han vivido sólo para ellas mismas, sino que han volcado su pasión y su capacidad de altruismo de forma coherente en todo cuanto han tocado. Se nota en cómo los demás las recuerdan, en las cosas pequeñas y grandes que hicieron. A veces son vidas muy sencillas pero encierran mucha luz: ayudaron en su comunidad, apoyaron a un hijo enfermo, supieron amar y vivir con coherencia.

Esto no tiene nada que ver, por supuesto, con la perfección: desde cerca extraña que los caminos más luminosos estén repletos de fallos, desesperanzas y fracasos. Se sintieron tentados a realizar cosas que no siempre funcionaron. «La tentación», dice Lise Heyboer, «puede traer la ruina o puede traer la vida. Cuando nos rodeamos de una estructura que nos protege de lo *bueno* o de lo *malo*, podemos construir una vida sólida pero perdemos la vulnerabilidad de ser libremente contagiados. Y eso significa que perdemos la creatividad y la receptividad a los impulsos de la vida. La tentación es peligrosa, pero trae consigo el nacimiento de una nueva vida».

LOS DONES DE LA TENTACIÓN: LA CREATIVIDAD

El anverso de la pereza es la creatividad, que canaliza los excesos de energía que derrocha la mente humana. De la pereza estática a la creatividad misteriosa y fluida. Del chismorreo a la poesía. Del fluorescente de la oficina a un atardecer.

Motivación, trabajo e inspiración son ingredientes corrientes de la creatividad. De sus cualidades a veces elusivas hablan muchos grandes creadores. Uno de ellos, Philippe Starck, contestaba a la pregunta de un periodista acerca de cuál era el momento del día que más le gustaba: «Despertar cada mañana y ver la sonrisa de mi mujer».

Cuando leí aquello, estaba medio dormida frente a mi café de la mañana, pero aquello debió apelar a alguna fantasía persistente porque desperté de repente. Con la facilidad que otorga disponer de una mente humana, inventé un contexto, rellené los detalles y pinté el cuadro perfecto que deseaba: imaginé a una señora de pelo plateado, una cómplice a lo largo de décadas de vida en común, inteligente y leal. Ah, el amor.

El pie de la fotografía en la que Starck aparecía con dos mujeres jóvenes —su mujer y su hija, cuyas edades apenas se distinguían— aclaró las cosas. Starck hablaba de la sonrisa de su mujer, efectivamente; pero se trataba de su cuarta mujer. Ah, la cruda realidad. Sin duda, la hija se convertiría pronto en una dama de sienes plateadas, mientras la esposa seguiría rejuveneciendo.

Mi decepción sólo duró un instante. Lo más interesante, superado el chismorreo, estaba por llegar: «No sé de dónde vienen mis ideas. Incluso para mí es un misterio. En la vida diaria soy muy torpe. No soy divertido ni interesante. Hasta podría decir que mi conciencia es vulgar. Pero me mueve un inconsciente sofisticado y poderoso. Yo lo soy todo por mi inconsciente. Es mi magma. Soy un creador de magma».

Otra buena razón —hay que atesorarlas— para envejecer sin miedo: la posibilidad de transformar la realidad en magma. O la fruta madura en mermelada. O los pigmentos en arte. Siempre me ha llamado la atención el conflicto y el contraste entre la vida diaria y la vida soñada, entre la vida interior y las demandas del exterior, entre la vulgaridad de la conciencia y la belleza de algunas intuiciones efímeras.

¿Qué es, y de dónde surge, la creatividad? Desde el punto de vista evolutivo, la belleza es un indicio de salud. Eso sólo ya la torna poderosamente atractiva para el cerebro humano. Pero la belleza, al contrario de lo que se quiere creer en nuestra cultura globalizadora y unidimensional, no es sólo algo formal. La belleza también se expresa a través de la capacidad creativa, en la forma particular de plasmar los sentimientos, en la capacidad de transformar el entorno... La belleza sugiere algo deseable o llamativo aunque sea de un modo misterioso. La mirada capta la belleza, que se presenta de una forma concreta y estable, y puede perderse y transportarse lejos de lo anodino de la vida cotidiana. En ese transportarse late toda la mente humana, no sólo su parte consciente.

Algunos expertos aducen que los demás seres vivos no disponen de la capacidad para crear y disfrutar de la belleza de forma consciente; la definen como un logro exclusivamente humano. Sin embargo, ¿qué hacen los delfines cuando trazan círculos perfectos de burbujas en el agua? Tal vez muchas especies tengan su peculiar lenguaje creativo, expresado en un nido construido con primor, en la simetría de una hilera de hormigas atareadas, en el canto de los grillos en verano.

Los humanos son creadores y consumidores ávidos de belleza. Es un don de esta corteza cerebral especialmente desarrollada, un cerebro sofisticado capaz de pensar de forma abstracta, a golpe de metáforas, de alusiones, de recuerdos y de sugerencias. Comprendemos mejor el mundo mediante la fluidez de los códigos del mito y de la poesía. «Mi verdadero trabajo es soñar», dice Philippe Starck. «Lo único que me interesa es la historia de nuestra especie animal, de nuestra mutación. Es la poesía más hermosa. Tiene que ver, creo, con el mito del ángel. Tenemos algún tipo de intuición en nuestro ADN que nos urge a escapar antes de que el mundo reviente. Es algo acerca de la libertad y de la democratización del espacio. Mi trabajo es mantener el rumbo de la filosofía, no perder la dirección, ser el guardián del templo. Los viajeros verán que el mundo es pequeño, frágil, solitario».

La creatividad es una salida constructiva y creativa, tal vez la única disponible, ante el caudal imparable de la imaginación humana que necesita de forma regular abrir los diques que la sujetaban y fluir. Crear y disfrutar de la belleza debería formar parte del programa de desarrollo de la mente humana, sobre todo durante la infancia, en las escuelas, cuando estamos aprendiendo a interpretar el mundo.

«Estamos todos en las alcantarillas, pero algunos miran a las estrellas», decía Oscar Wilde. Tal vez fue una constatación acerca de su entorno, o tal vez vivió en una época en la que sólo unos pocos podían desarrollar su faceta creativa. La belleza y la creatividad, sin embargo, son una necesidad imperiosa para todos, no un festín para unos pocos elegidos. Decididamente, y al contrario de lo que las sociedades europeas llevan décadas diciéndoles a sus ciudadanos, la creatividad es una capacidad innata de toda mente humana, sin excepción. Sin embargo, interfiere el interés y la comodidad de unos pocos, que despojan al resto de una herramienta vital.

Actualmente se está sustituyendo la idea de la fatalidad por la de la genética. Antes nos decían que la suerte no nos había hecho creativos, ahora aducen que es un problema de talento innato. La pugna entre entorno y genética se polarizó cuando James Watson y Francis Crick transformaron la biología al descubrir la estructura de la molécula del ADN en 1953, con los subsiguientes avances en genética y clonación que conllevó. Watson defendió, a veces de forma muy controvertida, la supremacía de la genética sobre el entorno. Pero la propia historia de la doble hélice resulta muy interesante, porque esconde mucho más que la inteligencia innata de dos científicos. Así, el entorno, a través de la histeria de la Guerra Fría y de la discriminación machista, también jugó un importantísimo papel.

Sea cual sea el equilibrio exacto entre genética y entorno, ¿por qué chirría escuchar hablar de la preponderancia de la genética? En parte, porque aunque la genética sea un elemento determinante en el destino humano, ¿quién decide qué perfil genético es superior a otro? ¿Quién pone el listón? Una visión cerrada fue característica de una época de la historia muy jerarquizada, con normas de comportamiento y objetivos de excelencia determinados por unos pocos individuos; un mundo antiguo, autoritario, poblado por comunidades, minorías o mayorías, silenciosas, despreciadas y relegadas porque no encajaban en el estándar imperante.

Esa perspectiva cambia cuando damos a cada forma de inteligencia y de creatividad un lugar en el mundo. La interacción produce riqueza, aunque sea una riqueza imprevisible, inesperada y a veces incluso desconcertante.

Hoy en día reconocemos que ciertas capacidades requieren un entorno favorable para desarrollarse. Es el caso, por ejemplo, de la empatía. Con la creatividad ocurre como con la empatía: todos la tenemos, sólo que en diferentes grados. Tal vez debido a que la empatía beneficia de forma evidente a la mayoría, está adquiriendo ciertos privilegios en las redes sociales destinados a facilitar su desarrollo, hasta ahora sólo concedidos a las capacidades cognitivas.

Como todas las capacidades humanas, la creatividad también necesita un entorno dado y una educación determinada para que pueda cobrar vida. Sin embargo, sigue oculta para la mayoría: las escuelas y las familias la ignoran a lo largo de años hasta que queda inhibida por inactividad. La puerta abierta a la creatividad tiende a intranquilizar a quienes no han cruzado al otro lado. En lugar de enseñar a nuestros hijos a cantar, cocinar, dibujar, amar e inventar hasta la extenuación, les asignamos un papel definido en un contexto seguro.

Locura y creatividad

Pese a que el debate de la relación entre locura y creatividad viene de antiguo, la verdad es que la creatividad no entraña depresión ni locura. Sin embargo, aunque la depresión no nos vuelve necesariamente creativos, ni la creatividad nos induce a la depresión, ambas comparten algo: prosperan en un temperamento que tiende al ensimismamiento. Éste pues, puede contribuir tanto a la depresión como a la creatividad. Tal vez por ello las depresiones pueden ser hasta entre ocho y diez veces más corrientes entre escritores y artistas. La sensibilidad al entorno es otra característica que también se asocia tanto a la creatividad como a la depresión. Por una parte, el mecanismo cerebral de los inhibidores latentes funciona de forma menos eficaz en las personas artísticas: tienen dificultad para desvincularse de los estímulos del entorno, de las emociones, ideas y sensaciones, y esta permeabilidad, fuente de creatividad en algunos casos, también puede llegar a agotar psíquicamente. Y es que las emociones fuertes tienen una tendencia a ser de signo negativo, o al menos a resultar intensas y, por tanto, potencialmente estresantes. Los creadores que no son capaces de contrarrestar estos «viajes» emocionalmente cargados pueden verse afectados por problemas de inestabilidad o vulnerabilidad emocional o mental.

El periodista Michael Greenberg tiene una hija que padece trastorno bipolar. Relataba en un libro titulado *Hacia el amanecer* que una de las cosas que más le sorprendía era cómo su hija, a pesar de la enfermedad, tenía momentos pasajeros de clarividencia emocional y de extrema lucidez. Apuntaba Greenberg: «... la batalla de todo ser humano es que surja su subjetividad y que encaje en el mundo real; si no, está perdido».

Apenas estamos esbozando los primeros pasos, en lo social y en lo personal, de lo que será un camino muy prolífico, consciente y llevadero hacia la expresión sana y constructiva de nuestra extraordinaria riqueza interior. Aprenderemos sin duda a curar o a aliviar muchas de las enfermedades mentales y emocionales que azotan de forma devastadora a nuestra especie. Y para ello será fundamental llevar vidas más creativas, más expresivas.

Vivir de forma creativa significa exponerse a la mezcla compleja y a veces inestable, clara y oscura, que es la vida en todo su esplendor, en su abundancia y generosidad. Ni siquiera cuando la vida calla y descansa en silencio y tenaz soledad deja de brotar. En alguna parte yace escondida. Sólo hay que esperar y escuchar.

V

El amor

No es la muerte la que nos iguala con el resto del mundo. Sólo nos iguala el amor, cuando surge y desarma.

Cuando tenía 13 años, descubrí con sorpresa que los adultos, según constaba en la literatura clásica que entonces devoraba, sufrían y enfermaban de amor. Lejos de encontrar disfrute en los brazos de sus bienamados y bienamadas, los héroes y heroínas de mis novelas preferidas se desprendían poco a poco de cualquier atisbo de sensatez y equilibrio hasta perder, hacia el final de la novela, la dignidad y hasta la vida. Entonces, ¿para qué amaban? Dido, el Sr. Rochester, Heathcliff, Lady Macbeth, Madame Bovary, Anna Karenina o Werther, todos sin excepción pasaban de ser personas sobradas que creían que lo tenían todo a constatar de la noche a la mañana que nada de lo que tenían les importaba. Parecía una locura. Una frase descubierta al hilo de mis lecturas confirmó mis sospechas: «Un seul être vous manque et tout est dépeuplé», aseguraba el poeta Lamartine. Con todos los problemas de sobrepoblación que nos describía en detalle cada jueves por la tarde el profesor de ciencias sociales, declarar con tanta seriedad que la ausencia de un solo ser —¡un solo ser!— podía vaciar el mundo entero de contenido y de sentido me pareció un perfecto dislate que confirmaba la deriva mental de mis atormentados personajes. «¡Con la de personas que hay en el mundo...!», musitaba yo atónita. O se me escapaba el fondo de la cuestión o aquello no tenía sentido.

Y es que efectivamente no lo tenía, pero yo, que era ingenua y aún creía en la lógica de los adultos, intentaba dilucidar el trasfondo del enigma. Me parecía importante porque intuía que el amor era una faceta inevitable de la vida que me atañería tarde o temprano. Y, a juzgar por lo encontrado en mis incursiones literarias, más me valía estar preparada para lo peor. No podía ser que mis novelistas preferidos estuviesen *todos* locos de atar; sobre todo porque me constaba que lo que decían acerca de otros ámbitos era sensato. Entonces, ¿por qué desvariaban cuando tocaban ese asunto del amor? Madame Bovary sólo *creía* haber perdido algo, pero, como Rodolphe en realidad nunca la quiso, ¿por qué sufría? Lamentaba sinceramente no poder sentarme a hablar con ella para explicarle de una vez por todas la verdadera naturaleza de su error. Aquello, sin duda, no era amor sino pura tontería. Aunque el mundo hubiese de perder por ello algunas buenas novelas, abrirles los ojos a estos adultos cegados me parecía entonces una labor digna de ejecución. Pero era demasiado tarde porque, como casi todos los enamorados y tras hacer un ridículo terrible por tener empapadas las mejillas, Madame Bovary había... muerto. ¡Muerto! ¡Por nada! ¡Por un espejismo!

Y con el sentido común propio de los niños me prometí a mí misma solemnemente que nunca, jamás, lloraría ni sufriría por alguien que no me quisiera. Me parecía entonces, y me sigue pareciendo ahora, el colmo de la insensatez, con una excepción: una década después de mi ferviente promesa tuve ocasión de comprobar la solidez de mis convicciones. Me enamoré. No a medias, con cordura y ternura, como me había ocurrido hasta entonces, sino a lo grande y con un estruendo apocalíptico, a semejanza de mis héroes novelescos. Fue sublime. Y lo confieso: como todos ellos hice el más completo ridículo casi hasta perder la razón. Mantuve, probablemente gracias a mis sólidas disquisiciones filosóficas previas, la vida, pero comprobé en mis carnes que cuando te falta la persona amada, en efecto, el mundo se reduce a absolutamente nada. A día de hoy todavía no entiendo este extraño fenómeno, pero lo cierto es que nada ni nadie pudo consolarme (mis disculpas a aquellos que lo intentaron porque no merecieron tanta inatención). Sólo atiné a repetir el lamentable espectáculo literario que años atrás me había dejado perpleja —amor, desamor, plegarias, deseos, espera, frustración y una tristeza infinita— no por la fuerza de la enfermedad o de la muerte, no porque el destino me hubiese arrancado del abrazo de una unión perfecta, ¡no!... sino porque ÉL cambió de opinión. Y no, no me quiso, aunque tardé tiempo en admitirlo. Como advertían mis novelas, no reparé en detalles mezquinos y amé donde no me amaban. Sin razón aparente y por un tiempo inmisericorde, me torné insegura, dependiente, pálida y desgraciada. Los clásicos habían acertado.

¿DÓNDE ESTÁ EL AMOR?

No quisiera hablar aquí de las raíces evolutivas del amor, de su perfil químico, de sus efectos fisiológicos. Otros ya lo han hecho con maestría y claridad. Han descrito su procedencia, sus manifestaciones físicas, mentales y culturales y su previsible temporalización.

Recuerdo cómo un conocido psiquiatra me describió las etapas evolutivas del amor. Lo escuché con atención mientras, a modo de ejemplo, me relataba con frialdad el nacimiento, hacía pocos días, de uno de sus hijos, fruto de su segundo matrimonio. Él estaba cruzando la etapa en la que una hembra —su segunda esposa— había logrado atraparlo para saciar su instinto maternal con esta nueva cría de la especie. Como consecuencia de una atracción sexual instintiva genéticamente programada, el psiquiatra había cedido ante los designios reproductores de la vida. Me pareció que no se lo tomaba como algo personal, así que cuando por fin calló le pregunté sin rodeos: «Entonces, ¿dentro de unos seis años querrás divorciarte de nuevo?». «Por supuesto», contestó sin dudarlo. Ah, si la segunda esposa hubiera estado allí para escucharlo.

En Occidente pretendemos que la disección del amor es suficiente para explicar su esencia. Pero de momento ni la biología explica el misterio la vida, sino que sólo la describe, ni la disección del amor revela su esencia. Así que durante muchos años, como este análisis evolutivo del amor no me bastaba para contestarla, llevé en mí una pregunta muy sencilla: «¿Dónde está el amor? ¿Dónde puedo encontrarlo?».

La pregunta no estaba bien formulada pero yo no lo sabía. Busqué con tesón. Escarbé en los trasiegos de la vida cotidiana y me aventuré en algunos de sus callejones sin salida. Busqué y esperé el amor pero sólo arrastré vacío. El amor no estaba. A veces creía divisarlo pero siempre se me escapaba. Como tantos otros, terminé creyendo que probablemente no me lo merecía. ¿En qué me equivocaba? Por una parte, pensaba que el amor vendría como una brisa o un huracán y teñiría mi vida con su color. El amor no puede desplegarse en un terreno inhóspito, pero no me daba cuenta. Por otra, no cuestioné si tenían razón los académicos al centrarse en las dos manifestaciones más vistosas y evidentes del amor: el amor romántico y el amor parental. Sólo allí busqué el amor. Restringí tanto el campo de búsqueda que casi se quedó en nada.

«¿Dónde está el amor?». Hubiese bastado con levantar una piedra, abrir los ojos o apartar la hojarasca. Allí estaba el amor. En todas partes. Más tenaz y común que la materia, sólo que silencioso e invisible, a la espera de que alguien o algo le diese raíces y alas.

La respuesta era tan evidente que la pasé por alto. El amor está en todas partes: sólo necesita que lo materialicemos, que lo expresemos, que lo manifestemos de forma palpable. Es una elección patente, intencionada.

Cuando no elegimos el amor, cuando olvidamos o rechazamos darle forma, calla hasta volverse invisible. Cuando lo esperamos de manera pasiva, sólo se manifiesta por su áspera ausencia.

Intuitivamente, resulta difícil imaginar que la tristeza, la violencia o la maldad puedan existir si podemos regarlas, inundarlas, ahogarlas de amor. Tal vez por ello aseguran tantos sabios que en el mundo todo es amor o ausencia de amor. Tardé en comprender esa afirmación. Me parecía optimista, pero poco realista. La duda se afianzaba porque la balanza entre amor y ausencia de amor no me parecía equilibrada. En la vida diaria parece sobresalir, con diferencia, la ausencia de amor. Y aducimos, desde lo personal y lo social, muchas excusas para explicar, y a menudo justificar, esta ausencia. ¿Por qué?

Veamos el paisaje humano. Por un lado, estamos la mayoría: los olvidadizos, los apresurados, los miedosos; los cínicos, los perezosos y los descuidados. Olvidamos o descuidamos generar palabras de aliento que nutren, gestos de complicidad que protegen, miradas que comprenden, todo aquello que físicamente manifiesta y encarna el amor. Escatimamos el amor como si fuese un bien escaso. Lo reservamos para las noches de gloria y los momentos de despedida. Estamos tan acostumbrados a vivir en la ausencia de amor que apenas nos damos cuenta.

También están los enemigos manifiestos del amor, aquellos que lo niegan para poder jugar con cartas trucadas. En la especie humana, la falta de empatía, cuando es exagerada, no es un rasgo innato sino una patología grave, una desviación temible denominada psicopatía. Quienes utilizan la mentira, la violencia y la injusticia para tiranizar a los demás atentan contra la vida mientras el amor se retrae y se agazapa en una tensa espera.

Y, sin embargo, un repaso a la historia revela que caminamos, en una escala de tiempo que no siempre somos capaces de apreciar, hacia el amor. ¿No lo creen?

Un indicio para los más descreídos: aunque los rastros de la bondad humana pasen mucho más inadvertidos —entre otras causas porque no reclaman la atención de nuestro cerebro miedoso centrado en detectar el peligro en la oscuridad circundante—, son innumerables y muy relevantes las señales de empatía y generosidad humanas.

Otro indicio: la crueldad o la vileza son tan contrarias a nuestras inclinaciones innatas que las negamos de forma sistemática. Nadie, excepto los psicópatas, asume o reconoce la torpeza o la maldad de sus actos. Cuando cometemos tropelías, las disculpamos, aunque para ello hayamos de embarcarnos en explicaciones y justificaciones absurdas que niegan, ante uno mismo y ante los demás, la malicia que subyace en nuestros actos de maldad. Este es un fenómeno muy claro y documentado en psicología social que ayuda a explicar los grandes y pequeños actos de maldad que documentan la historia y la vida diaria. Los humanos negamos con vehemencia la ausencia de amor en nosotros mismos. El resultado es algo desconcertante. Tal vez por ello decía el psicólogo Carl Rogers que cuando miraba al mundo era pesimista, pero que cuando miraba a las personas era optimista.

Sin embargo, querrán que les diga que a pesar de todo, a pesar de los atropellos, de la mezquindad, de las traiciones y de la maldad, de las tropelías, los asesinatos, el desprecio y las mentiras, a pesar del desamor y de la falta de atención, de los abusos físicos, de las violaciones, de las aberraciones y de las mutilaciones, del castigo y del puñetazo, a pesar del odio y del conflicto, querrán que les diga que en este mundo sólo cuenta el amor. Es una intuición que casi todos llevamos dentro, tenaz y silenciosa.

Se lo diré: en este mundo sólo cuenta el amor, aunque manifestemos tan poco.

Mientras escribía, miraba la fotografía de Mahatma Gandhi, ayunando junto a la joven Indira Nehru Gandhi, más tarde primera ministra de la India. Pequeño, anciano, frágil y desarmado. Gandhi fue la figura espiritual y política que lideró la India hasta la independencia. Inspiró movimientos de derechos y libertades civiles en todo el mundo. Predicó una total fidelidad a los dictados de la conciencia bajo la convicción de que la violencia sólo podía derrotarse por la no violencia: «Cuando me siento desesperado, recuerdo que a lo largo de la historia el camino de la verdad y del amor siempre han ganado. Ha habido tiranos y asesinos y por un tiempo parecen invencibles, pero al final siempre caen —piénsalo— siempre». Gandhi soportó burlas, desprecios, violencia y encarcelaciones a lo largo de gran parte de su vida, pero las sobrellevó con enorme dignidad y entereza. «Primero te ignoran. Luego se ríen de ti. Después te atacan. Entonces ganas», decía.

El amor inocente

El primer viaje de mi ahijada Electra supuso un revulsivo para sus padres. Pasó nueve días en Francia con su abuela y una prima, rodeada de dunas y de un mar salvaje que la entusiasmó. A sus padres, sin embargo, cada día de esa estancia se les hizo muy largo. La echaban de menos y la llamaban todos los días porque, según decían, querían asegurarse de que la niña estaba bien. Les parecía casi imposible que Electra pudiese ser tan feliz lejos de su hogar.

Aunque era evidente para todos que la niña estaba absolutamente encantada, los padres sugirieron, a mitad de su estancia, la posibilidad de que pudiese acortarla. Ella se negó: «Pero ¡si todavía no he podido llenar mi saco de recuerdos!», protestó. Desconcertados, se resignaron a dejarla en paz. Esa noche su madre, mi amiga Emma, me llamó angustiada. Las ganas de Electra de descubrir el mundo le parecían extrañas, casi sospechosas. «¿No es demasiado pequeña», me preguntaba, «para estar lejos de casa sin sentirse desamparada?». Necesitaba asegurarse del amor de la pequeña con alguna señal ligera que probase su dependencia emocional: lágrimas, algo de tristeza, una ligera desazón. Algo palpable y visible, algún pequeño monumento al desamparo o al miedo. La independencia emocional de Electra la asustó.

Los niños necesitan, como los adultos, cubrir importantes necesidades afectivas y emocionales. Necesitan que los quieran y necesitan poder expresar amor a los demás con naturalidad. Pero cuando son felices, su necesidad de amor tiene dos características específicas: por una parte, aceptan con naturalidad el amor de sus padres y, por tanto, no requieren pruebas adicionales en forma de lágrimas y de conductas dependientes; por otra, aunque los padres constituyan el núcleo de su mundo emocional, no centran sus necesidades afectivas en una sola fuente. Saben instintivamente —al menos hasta que se les prueba lo contrario— que el mundo es capaz de saciar dichas necesidades desde muchos ángulos.

La forma de amar de los niños, antes de que el miedo a carecer de lo que necesitan empañe su confianza y su alegría natural, plasma la naturaleza gozosa de un amor inocente basado en el disfrute, frente al amor adulto, generalmente miedoso y desconfiado, necesitado de pruebas explícitas y de promesas eternas. Cuando los niños aman y se sienten amados, casi todos logran alejarse por un tiempo de sus padres sin sentirse debilitados ni vulnerables. Son capaces de empaparse de los estímulos del presente que los rodean no *a pesar*, sino *gracias* a ese vínculo afectivo contundente que los une a sus progenitores o cuidadores. Felicité a Emma: podía sentirse orgullosa de haber sido capaz de transmitir esa confianza a su hija. Como todos los niños confiados y bien amados, Electra apenas necesitaba manifestar sentimientos de pérdida en circunstancias agradables. Ni se le ocurría que la inseguridad formase parte del bagaje del amor. No veía la necesidad de cumplir con los pequeños ritos que los adultos requieren para reavivar su seguridad y su confianza en los lazos que les unen a los demás. A los niños felices les encanta sumergirse en un mundo abierto y generoso. Inmersos en el presente, todavía libres de la enfermedad del temor y de la capacidad de hacer previsiones que pronto les afligirá, ellos aman con inocente libertad, sin más.

¿Está el miedo en la raíz de la ausencia de amor? El miedo a no tener lo suficiente, a tener que arrebatar para conseguir algo, a la soledad, a los cambios y la inseguridad, a las pérdidas, a la tristeza, al desamor... Marianne Franke-Gricksch asegura: «El miedo forma parte de nuestras vidas. Esto ocurre porque hemos sido separados: de nuestras madres, de nuestros padres, del conocimiento y, por encima de todo, del amor». Elizabeth Kübler-Ross también habló extensamente del miedo y lo opuso a la necesidad universal y fundamental que tienen los seres humanos de recibir, y de ofrecer, amor, algo que ninguna máquina, ninguna posesión, ninguna distracción ni ningún especialista pueden reemplazar. Aseguraba que «... tenemos que enseñar a nuestros hijos desde el principio que son responsables de sus vidas. El mayor don de los humanos puede también ser su peor maldición, la libertad de elección. Podemos elegir en función del amor o del miedo».

El amor no es un comportamiento aprendido: es una necesidad profunda e instintiva. En cambio, cómo saciamos esta necesidad, a través de qué complejas redes de lealtades y responsabilidades recíprocas, sí es una conducta aprendida que determinará la naturaleza y la esencia de nuestros vínculos de afecto. Si no son satisfactorios, construiremos estrategias compensatorias para no sentir la soledad humana, aunque ésta quedará acentuada por los límites estrechos de la red afectiva que pretendemos trazar.

LAS TRAMPAS DEL AMOR: LA DEPENDENCIA

Tenemos dos grandes motivaciones: desarrollarnos y, al mismo tiempo, ser amados. A veces, decía el psicólogo Carl Rogers, estas necesidades básicas resultan incompatibles debido, en gran parte, a lo que él llamaba los condicionamientos del amor: las numerosas condiciones que hay que aceptar para poder recibir el amor de los demás. Pueden ser condiciones tan sutiles que pasen inadvertidas, pero, sean cuales sean, el amor que recibimos de otras personas depende de ellas.

Aceptar el amor condicionado de los demás puede llegar a significar, en mayor o menor grado, la necesidad de renunciar a ser uno mismo. Los niños maltratados, que como todos los humanos viven su necesidad de amor de forma visceral, cuando son puestos en la disyuntiva de elegir defenderse a sí mismos o amar a sus padres, casi siempre renunciarán a sí mismos. La responsabilidad de los padres es inmensa en este sentido.

En el caso de los adultos, en esa etapa hemos avanzado ya en el camino que confunde el amor con la seguridad. Y si nos vemos obligados a elegir entre el amor que nos da seguridad o la expresión de nuestro ser esencial, también solemos elegir, como niños asustados, lo primero. Priorizar la seguridad sobre el amor implica exigir al otro el cumplimiento de un acuerdo equitativo entre partes, basado en ese altruismo recíproco evolutivo —un pacto interesado— que solemos achacar a las demás especies pero nunca a la nuestra. La letra pequeña del acuerdo es ésta: *1. Te elijo porque parece que puedes cumplir mis expectativas y satisfacer mis necesidades, y a cambio estoy dispuesto a satisfacer las tuyas. 2. Tengo derecho cuando quiera a pedir pruebas de que estás cumpliendo con tus responsabilidades hacia mí.*

Así confundimos, en un cóctel explosivo, lealtades, responsabilidades, inseguridad, miedo y amor. A tenor de las estadísticas y de la experiencia humana, rara vez resulta efectivo. La carga que depositamos en nuestra pareja es muy pesada y provoca un lógico resentimiento y sentimiento de impotencia. Las relaciones se convierten en fuente de expectativas mutuas y, por tanto, de mutuas decepciones. No era natural cargar al otro con necesidades propias que un adulto debería estar en condiciones de satisfacer por sí mismo. Hemos caído en las trampas de la dependencia.

Antaño, cuando este tipo de contrato afectivo se daba entre las personas en un contexto social sólido, la pareja podía encontrar algunas ventajas en la continuación de su alianza cuando el baño de dopamina menguaba y la pasión ya no cegaba. Pero los últimos cincuenta años han marcado un cambio de enfoque radical: ahora celebramos y admiramos el extremo individualismo frente a la primacía de los grupos sociales que antes rodeaban a la pareja. Ya no pensamos en la pareja como una unidad social que refuerza y nutre un tejido comunitario. La pareja es la suma de dos individuos que aportan sus necesidades y expectativas mutuas para que el otro las alivie: mi vida, mis deseos, mis necesidades, mis miedos, mis fracasos, colgando en tus manos.

¿Cómo o cuándo perdemos la capacidad de amar desde la libertad? Varios elementos se conjuran para cercenar la inocencia inicial. Los niños desarrollan primero las dimensiones espaciales —delante y atrás, arriba y abajo, izquierda y derecha—, después consolidan la dimensión temporal y sólo más adelante consolidarán esta capacidad característica de los humanos adultos de saltarse el presente y vivir en el pasado o el futuro, de planificar y prever. La maduración tardía de los centros de previsión situados en la corteza cerebral libera a los niños de esta manía adulta de ponerse siempre en lo peor, proyectándose hacia delante y hacia atrás en un intento frenético, y en gran parte automático, de mantener el orden y la seguridad.

Electra, cuando era feliz con las dunas y las olas del mar, estaba plenamente allí, luchando en cuerpo y alma contra los remolinos del océano atlántico sin cuestionar si durante el disfrute del cuerpo a cuerpo con el agua sus padres dejarían de quererla. Nosotros, cuando llegamos a la etapa adulta, ya hemos perdido esa capacidad espontánea. El disfrute del presente habrá de ser intencionado. ¿Quiénes han aprendido a hacerlo? ¿Qué modelos, qué aprendizajes afectivos hemos recibido?

Cuando tememos perder lo que hemos adquirido, el cerebro centra su energía en fabricar paredes defensivas en torno a nuestro bien preciado. Cuanto más valoremos una posesión material o emocional, cuanto más pensemos que de su mera existencia y posesión depende nuestra felicidad, más nos esforzaremos por rodear y proteger aquello de lo que creemos depender. En un giro perverso, es el objeto amado el que da valor a nuestra vida.

Ningún niño sensato haría esto. El niño feliz contempla los dones de la vida con gran despreocupación: mira, desea, disfruta y reemplaza. El niño feliz está seguro —hasta que muy pronto lo convencen de lo contrario—

de que el mundo está lleno de fuentes de amor. Tiene razón, pero los adultos que lo rodean querrán quitársela muy pronto. Lo convencerán, por su propio bien, de que el mundo es un lugar peligroso donde cualquiera está dispuesto a arrebatar el bien preciado del que depende nuestra felicidad. No es la nuestra, en general, una felicidad fluida que busca la alegría en cualquier rincón: es más bien una fortaleza conquistada con esfuerzo al son de la buena y la mala suerte, que hay que acotar y defender con tesón.

En lo afectivo, el mundo que le dibujan los adultos es tan limitado que el niño pronto aprenderá que no hay mucho donde agarrarse: mamá, papá, algún hermano —que para ellos, es más bien un rival—, tal vez, con suerte, uno o dos abuelos y poco más. Desde su creciente sentimiento de indefensión, a medida que los abuelos fallezcan, si además los padres se pelean a voz en grito o se divorcian. La estructura afectiva no puede ser más endeble e individualista. Nuestro modelo social no está pensado para facilitar el arraigo del amor.

Durante este proceso de reeducación de la forma de amar inocente y libre, los adultos enseñan un concepto de responsabilidad social algo peculiar. En el proceso de maduración de un niño, la responsabilidad supone una piedra de toque fundamental: poco a poco el niño aprenderá, si sus padres y sus maestros saben enseñárselo, a autogestionarse, a elegir sus propios objetivos y a hacer lo necesario para cumplirlos. Empezará con los deberes, con el orden en su cuarto, con cumplir aquello a lo que se compromete, con desarrollar las habilidades musicales, deportivas, sociales, creativas, académicas y de cualquier orden que le permitan ocupar con fuerza su lugar, singular e irremplazable, en el mundo.

El problema es que, de acuerdo con la forma adulta de pensar y de sentir, durante este proceso natural y necesario no solemos recalcarle al niño que el abanico de su responsabilidad personal y social puede ser todo lo amplio que desee. No, nuestros miedos nos impulsan a acotar cuanto antes el campo de actuación de nuestros hijos: les sugerimos, desde nuestro propio ejemplo y de palabra explícita, que sólo tienen que responsabilizarse de unas cuantas personas, alguna idea, el pago de la hipoteca y poco más. Esto reduce aún más su abanico afectivo, que hacía tan poco estaba aún completamente desplegado: tenían un mundo por hacer, mil cosas y seres a los que poder amar. Ahora hay poco que hacer y casi nadie a quien amar.

Cuando reducimos la responsabilidad personal, social o emocional a estos mínimos, necesitamos señales visibles de que los responsables de nuestra felicidad podrán asumir esa carga. Tendrán que demostrar, con señales repetidas y fiables, que pueden con la ingente tarea que les hemos encomendado. Cuando fallen, como es probable que ocurra, dado que la carga es excesiva y no les corresponde llevarla, sólo quedará la posibilidad de hacer borrón y cuenta nueva y volver a empezar.

Desde esta mirada mercantilista y pragmática del amor, basada en la necesidad y la dependencia, la relación está casi siempre en tela de juicio: ¿responde el otro a nuestras expectativas? ¿Respondemos nosotros a las suyas? «Te he dado un hijo» o «Me haces muy feliz» serán comentarios implícitos o explícitos que definirán las bondades de una relación en apariencia exitosa. Mientras todo vaya bien, es decir, mientras el otro cumpla nuestras expectativas, la relación seguirá adelante. Pero ¿y cuando el diálogo visible o invisible entre dos personas se torna amargo? ¿Y cuando consideramos que él o ella no están a la altura de su promesa y de nuestras expectativas? «No puedes darme un hijo» planea sobre una relación en crisis. «No me satisfaces sexualmente» está en cada mirada. «La vida a tu lado es aburrida y triste». La culpa y el reproche se instalan. El guión está escrito: estar a la defensiva y canalizar el amor a cuentagotas, husmear y seleccionar con cuidado los escasísimos objetos supuestamente seguros sobre los que poder volcar amor, requerir pruebas de este amor; y si aquellos a quienes amamos nos fallan, recriminar, protestar y afirmar que nos equivocamos.

Este tipo de amor, basado sobre el deseo urgente a corto plazo, sí se rige por las etapas de temporalización que describe la teoría del amor evolutivo. Aquí, en efecto, sólo queda, como el resignado psiquiatra que mencioné al inicio de este capítulo, dejarse llevar por las leyes naturales que con sorprendente precisión marcan el inicio y el final del amor. Aquí somos simples actores de un guión escrito por la vida. Somos rehenes de un sistema de valores que caricaturiza el amor. Y es fácil que en estas condiciones las relaciones humanas se degraden incluso más.

Sólo hay que mirar alrededor para constatarlo: en cualquier ámbito, las relaciones humanas se deterioran con asombrosa rapidez. Los amigos se enemistan, los padres y los amantes se abandonan, los hijos y los compañeros se traicionan. Pasamos con relativa facilidad de la idealización y la dependencia del otro al reproche y a la decepción. A veces surgen dinámicas incluso más peligrosas. A lo largo de la vida mantenemos relaciones estimulantes que nos incitan a dar lo mejor de nosotros mismos, pero también mantenemos relaciones que nos desgastan y que pueden terminar por dañarnos gravemente. Este daño es mucho más corriente de lo que la sociedad reconoce.

Muchas de estas relaciones nefastas se dan en contextos variados —laborales, personales, sociales—, pero suelen ser bien toleradas por una sociedad permisiva que mantiene de forma implícita que las personas no deben inmiscuirse en las relaciones entre adultos. Al reducir la relación perversa y destructiva a una mera relación de dominación, se convierte a la víctima en cómplice o incluso el responsable de la violencia soterrada de un intercambio desequilibrado.

Es fácil y seguro manipular a quien te ama o a quien depende de ti: apagar la chispa de alegría en el otro, anular su voluntad, quebrantar su espíritu crítico para que no te pueda juzgar. Conocer el perfil de un perverso debería formar parte de una buena —pero en la actualidad completamente inexistente— educación afectiva.

La psiquiatra francesa Marie France Hirigoyen describe con maestría las mecánicas perversas en distintos ámbitos personales y sociales en su libro *Acoso moral:* «... El perverso no es un enfermo. El perverso se ha forjado, con probabilidad, en la infancia, cuando no pudo realizarse. Creó férreas defensas contra los demás para protegerse y así una actitud que podía haber sido simplemente defensiva y aceptable se convierte con el paso de los años en una personalidad incapaz de amar y convencido de que el mundo entero es malvado. Insensibles, sin afectos: ésa es su fuerza. Así no sufren». En la mayoría de los casos el origen de la tolerancia de la víctima o de la agresión del perverso se halla en una lealtad familiar que consiste en reproducir actitudes de sus padres: «Agreden para salir de la condición de víctima que padecieron en la infancia, cuando tuvieron que separar las partes sanas de las partes heridas. Ahora siguen funcionando de forma fragmentada, dividiendo su mundo en bueno y malo. Temen la omnipotencia que imaginan en los demás porque se sienten profundamente impotentes. Por ello necesitan protegerse hasta destruir».

Una vez conocí a un perverso. Debería haberlo sospechado cuando se describió a sí mismo: «Yo soy un encanto». Fue tras un intercambio de correos en el que le di las gracias por algo, aunque por mucho que me esfuerce no logro recordar el qué. Aunque entonces no lo sabía, en aquellas breves frases intercambiadas estaba el meollo de la cuestión: nunca más volvió a ofrecerme unas claves tan meridianas (para quien las hubiese sabido leer).

«Gracias, eres un sol», le dije por alguna absurda razón.

Hasta entonces los correos habían sido livianos y amables. Ahora su contestación fue más que seca: fue tajante.

«Eso se les dice a los niños», contestó abruptamente. «Yo no soy un sol ni quiero serlo».

Recuerdo mi sorpresa. No comprendía por qué ser transparente y luminoso pudiera parecerle una ofensa.

«¿Y qué eres?», pregunté para quitar hierro al asunto.

«Yo soy un encanto», replicó sin más.

Reconozco que no supe, hasta hoy, comprender qué quería sugerir con esa descripción que entonces me pareció tan anodina. No lo era. Sus palabras tenían que haber encendido todas las alarmas. Eran premonitorias. Porque no todos los encantos son perversos; pero todos los perversos son, en la primera etapa de una relación, unos grandes seductores. Así atrapan a su víctima, así logran mantenerla en un intrincado proceso plagado de silencios, mentiras y dudas que la paralizan. Así pretenden llenar su propio vacío, extraer la vida que sienten que no palpita en ellos y que contemplan resentidos en otros. Al perverso no le agradan las palabras cariñosas porque busca la repulsa para confirmar lo que ya sospecha: que la vida es ausencia de amor y negritud. Cuanto más transparente y generosa sea su víctima, cuanto mejor intente tratarlo, mayores serán la rabia y el desprecio del perverso.

Los procedimientos perversos son procedimientos defensivos que, de entrada, no se pueden considerar como patológicos. Es importante ser conscientes de que todos podemos ejercer, en algún momento, un comportamiento perverso: sólo significa que intentamos protegernos de forma exagerada. De hecho, son dinámicas que aparecen con mucha frecuencia durante los divorcios y las separaciones. Pero las personas que no son perversas sienten remordimientos cuando manipulan y maltratan psicológicamente al otro, y logran desterrar ellas solas este comportamiento de sus vidas. Lo que resulta destructivo y peligroso es el aspecto repetitivo y unilateral del proceso. Por ello hay que aprender a no tener una paciencia eterna ante los pequeños desprecios, disimulados un día por el mal humor, otro por el disgusto, un tercero asestado ya sin explicación. Si quien nos acompaña nos está dañando, ha de ser capaz de rectificar. La tolerancia no puede alargarse hasta el infinito.

Otro rasgo característico de una relación perversa es la sensación de soledad que siente la víctima. Porque si el perverso logra aplacar sus tensiones interiores con una persona, se comportará de forma normal con el resto del mundo. Sólo necesita una víctima y la suele elegir entre aquellos que más saben gozar de la vida —no en el sentido material, sino afectivo y psíquico—, alguien con dones musicales, literarios, alegría de vivir, sensibilidad, comunicación, creatividad..., alguien que detenta algo que podría llenar su vacío existencial. Así, quienes rodean a la víctima probablemente no llegan a sospechar la realidad de la relación perversa en la que está inmersa.

Otro rasgo muy característico de la relación perversa es que la víctima nunca llega a pisar suelo firme y saber qué se le reprocha para, así, encontrar una salida. El perverso manipula y recurre al descoloque para paralizarla: se contradice, niega y miente. Como la víctima considera que tiene la llave para ayudar a su agresor, que sólo ella puede llenarlo con su vida y con su amor, intentará adaptarse. Está convencida de que el diálogo será parte de la solución, pero no logrará comunicarse pues se lo impiden. Por ello la víctima acumula grandes dosis de estrés y de tensión interior que fomentan trastornos crónicos, ansiedad y agotamiento. Suele pasar de ser una persona llena de vida a una persona deprimida que se siente vacía. Se instala en una sumisión psíquica por su tendencia a culpabilizarse, por el miedo a decir o hacer algo que enfurezca al perverso y que le acarree un castigo cualquiera, para evitar tener que soportar más silencio, más desprecio o más palabras hirientes. O también, de forma más inconsciente, porque le cuesta demasiado reconocer que su verdugo nunca la quiso, o renunciar al ideal de que ella podía salvarlo.

En nombre del deber o en nombre del amor, esta persona ha estirado los límites de lo aceptable hasta lo inaceptable pero sigue allí, incapaz de tomar una decisión. Al cabo del tiempo se siente tan anulada que ya no es nadie: «El muerto está vivo y todo es normal», describe Lempert en *L'enfant et le desamour*. No hay señales externas de violencia: son los estragos sigilosos de la violencia psicológica. El error esencial de la víctima ha sido su extrema y confiada inocencia. Lo que haga para salir de ese hoyo tendrá que hacerlo desesperada y sin ayuda externa.

Una vez instaurada en la familia, la violencia perversa constituye un engranaje infernal difícil de frenar pues tiende a transmitirse de generación en generación. A veces este maltrato se disfraza de educación. La psicoanalista y escritora Alice Miller denuncia que las relaciones de poder tradicional, también de cara a los niños, tienen el objetivo de quebrantar su voluntad a fin de convertirlo en un ser dócil y obediente: «Como nos trataron cuando éramos pequeños es como nos tratamos el resto de nuestra vida: con crueldad o con ternura y protección», asevera. El maltrato psicológico infantil puede darse de muchas formas explícitas o perversas, e incluye, según la convención internacional de los derechos del niño, la violencia verbal, los comportamientos sádicos y despreciativos, la repulsa afectiva, las exigencias excesivas o desproporcionadas en relación a la edad del niño, las consignas educativas contradictorias o imposibles y el maltrato por omisión.

En el entorno laboral la violencia y el acoso surgen del encuentro entre el ansia de poder y la perversidad. Cuando se da una situación así, el conflicto se agrandará, en general con la complicidad del resto del grupo, a menos que intervenga alguien externo para zanjar las cosas. No suele ocurrir porque, de la misma forma que la sociedad no quiere intervenir en las relaciones perversas entre adultos, las empresas intentan ignorar los conflictos supuestamente personales que puedan estallar en su seno. Las víctimas, de nuevo, no suelen ser personas débiles sino, al contrario, aquellas que reaccionan contra el autoritarismo de un superior o compañero y que no se dejan avasallar. A veces las víctimas simplemente provocaron envidia o miedo en la parte atacante. El acoso vendrá precedido de una descalificación hacia la víctima, que el grupo primero acepta y luego avala por el mecanismo de la autojustificación. El miedo y la tensión suele llevar a la víctima a comportarse a la larga de forma patológica, algo que el agresor utilizará para justificar su agresión: «¿Veis? Está loca. No se puede hablar con ella». El objetivo de cada maniobra perversa consiste en desconcertar al otro, en confundirlo y en conducirlo al error. Los estadios del acoso en el trabajo son éstos: rechazar la comunicación directa, descalificar, desacreditar, aislar, hacer novatadas, inducir a error.

No se puede vencer a un perverso. Tal vez se pueda, dice la doctora Hirigoyen, con esfuerzo y tiempo «... aprender algo acerca de uno mismo. La única victoria es alejarse sin haberse contagiado de su agresividad y malevolencia». Las víctimas siempre esperan que el agresor se disculpe porque la batalla ha sido, siempre, profundamente desigual e injusta. Sin embargo, eso nunca ocurre porque el perverso nunca contempla el sufrimiento y la duda. A la víctima, advierte la doctora Hirigoyen, sólo le queda identificar el proceso perverso por medio del cual el otro pretende hacerle cargar con toda la responsabilidad del conflicto y analizar el problema dejando de lado la cuestión de la culpabilidad. La víctima no fue débil al principio, sino demasiado confiada: se creyó salvadora, redentora. Se sintió demasiado responsable y, por tanto, infinitamente culpable. «Tendrá que abandonar el ideal de tolerancia absoluta que enarbolan tantas víctimas y reconocer a tientas que la persona a quien amaba le aqueja, en mayor o menor medida, un trastorno de personalidad peligroso para ella y para los suyos».

Una diferencia clara entre la víctima de un perverso y un individuo masoquista, apunta también Hirigoyen, es que cuando la primera, tras un enorme esfuerzo, consigue separarse de su verdugo, siente una enorme liberación: «Ha intentado la labor imposible de resucitar a los muertos. Ahora puede abandonar su posición de víctima inmovilizada y permitir que la vida renazca».

LOS DONES DEL AMOR: EL APRENDIZAJE Y LA TRANSFORMACIÓN

Hay dos formas básicas de mirar a los demás: desde la dependencia o desde la libertad; como fuentes de seguridad o como fuentes de aprendizaje.

Para experimentar el amor como un aprendizaje primero hay que dejar aferrarse a la esperanza de que otra persona al fin podrá salvarnos, podrá comprendernos completamente. Dar este paso —renunciar a que los demás nos resuelvan la vida— es difícil, incluso desgarrador, porque supone atravesar una época desvalida en la que todavía no somos capaces de ver que todo lo que necesitamos está en nosotros mismos.

Recuerdo el día preciso en el que me enfrenté a esa resistencia. Pensé: «Tal vez tengas que abandonar». Recuerdo bien ese momento, porque de la nada surgió una oposición brutal, entre física y mental. «Ah, no, no me pidas eso, ¡eso sí que no podré hacerlo!», clamó al instante algo dentro, muy dentro. Me di cuenta entonces de que llevaba semanas, tal vez meses, intentando contener esa idea desde un lugar paciente, oscuro y sabio. Por fin, ella sola, sin mi ayuda, había logrado traspasar la barrera del consciente. Allí estaba, desafiante, hiriente, la idea que yo sabía ineludible: tarde o temprano tendría que dejarlo.

Era demasiado difícil. No podía. Me juré a mí misma que no volvería a pensarlo. Entonces, con sumo cuidado y repetidas veces, me engañé como a un niño pequeño e infinitamente tierno: «Sólo un rato», me dije muy despacio, engatusando la emoción que me agarraba sin remedio. «Me alejaré sólo un rato. Vendrá a buscarme».

Así empecé un camino largo, largo.

La soledad de retomar el camino de la vida desde el desamparo puede ser muy difícil de sobrellevar. Acerca de este proceso de liberación de los espejismos afectivos, dice Lise Heyboer: «Dejarlos es aterrador: estarás solo, sin protección, refugio o consuelo. Pero si los dejas, encontrarás protección, refugio y consuelo en ti mismo y, después de un tiempo, también alrededor. Haz tu propio refugio y encontrarás refugio. Crea un lugar interior para la amistad y encontrarás amigos. La vida no es lo que es, la vida es lo que haces con ella».

Aquí, sin embargo, es donde se atascan muchas vidas: en ese momento en el que hay que soltar lastre, dejar ir al otro, perdonar, asimilar, seguir adelante en soledad. El miedo de los seres humanos a la soledad es sin duda un reflejo atávico derivado del miedo a la muerte cuando se estaba lejos del grupo humano, que resguardaba y protegía. Pero en una sociedad moderna la proximidad física del otro no significa ni mucho menos que tengamos su amparo físico o afectivo. El mundo está poblado de personas que están rodeadas de familiares, vecinos y colegas y que sienten una profunda soledad.

Tanto si es una elección como una imposición, la soledad suele ser una compañera de camino muy poco apreciada. ¿Por qué? Obliga a quien la lleva dentro a la introspección. No hay nadie más a quien mirar, nadie a quien reprochar o de quien esperar algo. Sólo el cara a cara, a veces incómodo, con uno mismo. En general, en Occidente se rehuyen, e incluso se ridiculizan, la introspección y la contemplación. Aquí, donde asignamos a cada persona su oficio, su nicho, su corral, la introspección es cosa de monjes y de ermitaños. Vivimos en un entorno que castiga a quienes, por elección o por necesidad, viven en soledad: estigmatiza al que viaja solo, sale a cenar sin compañía o va al cine por su cuenta; señala a la persona solitaria como posiblemente rara, fracasada, indeseable o desgraciada. Las sociedades que más importancia dan a la vida social, como las latinas, son las que más sospechan de quienes están solos, empujándolos a encontrar cuanto antes quien avale con su presencia esta vida solitaria y errante. El sistema es perverso, porque a partir de una determinada —y temprana— edad no resulta fácil ser aceptado en cualquiera de las pequeñas unidades afectivas cerradas que conforman nuestra sociedad. Pero, como sea, hay que encontrar a quien amar y, si no, contentarse con la apariencia de ser aceptado por los demás. Lo peor es parecer raro o indeseable.

Amar implica atisbar el potencial más luminoso que encierra otra persona. Cuando amamos, aceptamos de manera incondicional la esencia de una persona y le devolvemos en una sola mirada el reflejo de lo mejor que lleva en ella. Porque nutre, motiva y da confianza a quien lo recibe, el amor es una gran fuente de transformación personal.

Sin embargo, solemos olvidar rápidamente lo que atisbamos cuando empezamos a amar. Se trataba de un potencial, no de una realidad totalmente lograda. El amor apuntaba hacia algo que tenía que florecer; no era un cheque en blanco. Cuando, presas de nuestras propias necesidades y anhelos, cargamos al otro con la orden tajante de estar a la altura de todo lo que habíamos vislumbrado, ejercemos una tremenda e injustificada presión sobre esa persona.

La consolidación del amor requiere aceptar que cada uno está en permanente proceso de desarrollo. No se trata de admirar al otro y de cosechar sobre la marcha sus frutos, sino más bien de contemplar sus posibilidades latentes y de facilitarle las condiciones que le permitan florecer. Entonces, ante el árbol rebosante y cargado, con naturalidad podremos disfrutar con él.

El psicólogo Carl Rogers, en la relación con sus pacientes a lo largo de su vida, comprobó lo siguiente: «Al principio de mi ejercicio profesional yo me preguntaba: ¿cómo puedo tratar o curar o cambiar a esta persona? Ahora me haría esta pregunta de otra manera: ¿cómo puedo facilitar una relación con esta persona que él o ella pueda utilizar para su crecimiento personal?».

Ésa es la piedra angular del amor: crear las condiciones adecuadas para que el otro pueda dar lo mejor de sí. Para que pueda ser, *lo más brillantemente posible*, él o ella misma.

A pesar de la atinada reflexión de Rogers, solemos estar en otras cosas. No preguntamos ¿cómo puedo ayudarlo a crecer?, sino que buscamos en qué medida él o ella podrán mejorar nuestras propias vidas. Buscamos el remedio, el alivio, la solución definitiva. En general, evitamos cambiar el enfoque necesitado y ansioso por otro, más relajado y generoso. «Nuestra tarea no es buscar el amor, es buscar todas las barreras que oponemos a su llegada», dice Marianne Williamson, escritora y activista en muchas causas, nombrada una de las personas más influyentes del babyboom por la revista *Time*, y que ha atravesado un largo camino de búsqueda interior. Respecto al amor, Marianne asegura: «Rechazar a otro ser humano por el simple hecho de que es humano se ha convertido en una neurosis colectiva... Nuestros compañeros son seres humanos, como nosotros, que pasan por el proceso normal de crecimiento. Nadie está jamás terminado... Cuando renunciamos a la obsesión pueril de escudriñar el planeta en busca de la persona perfecta, podemos empezar a cultivar la habilidad de tener relaciones compasivas. Dejamos de juzgar a los demás para relacionarnos con ellos. Antes que nada reconocemos que no nos relacionamos para concentrarnos en lo bien o lo mal que los demás aprenden sus lecciones, sino para aprender las nuestras».

¿Por qué tendemos a vernos envueltos en relaciones que no son constructivas? Si nos aceptamos como somos, sin defensas ni protecciones, el ego —es decir, el conjunto de barreras que oponemos a los demás— deja de ser necesario. La autoaceptación, dice Marianne Williamson, es la muerte del ego. Pero las personas confían mucho en ese ego supuestamente protector y suelen regirse por sus dictados: «Por eso nos atrae la gente que no nos quiere. Desde el principio sabemos que no están con nosotros. Más tarde, cuando estas personas nos traicionan y se van, tras una estancia intensa pero bastante breve, fingimos que eso nos sorprende, pero lo sucedido encaja perfectamente en el plan de nuestro ego: *No quiero que me quieran*. ¿Por qué las personas agradables y bien dispuestas no nos parecen agradables? Porque el ego confunde la excitación con el riesgo emocional y a una persona amable y accesible no la considera suficientemente peligrosa. La ironía es que, en realidad, es justo al contrario: las personas accesibles son las peligrosas, porque nos confrontan con la posibilidad de una intimidad auténtica. Son personas que en realidad podrían frecuentarnos durante tanto tiempo que llegarían a conocernos. Podrían socavar nuestras defensas, valiéndose no de la violencia, sino del amor».

A veces las diferencias reales o temidas aprisionan a las personas tras sus defensas. Pero, aunque seamos diferentes, podemos «ver» al otro y tender un puente con el amor. Sin estas diferencias no existiría la pasión en el amor, no habría altruismo, no necesitaríamos trascender nuestros límites para llegar al otro. El amor, según Lise Heyboer, es la manifestación evidente y radiante de la capacidad de los seres vivos para compartir y para intercambiar, y de la alegría que trae consigo.

Las relaciones humanas atraviesan periodos de crisis, de reajustes. Es la mejor señal de que estas relaciones están vivas. Pero como tendemos a mirar las relaciones de forma estática, las épocas de crisis suelen parecernos amenazantes. A veces las crisis se disolverían por medio de una comunicación abierta, poniendo las cartas sobre la mesa. Pero también se pueden producir procesos comunicativos que no conduzcan a la unión sino al alejamiento, tal vez porque se silencia, se insinúa, no se llega al meollo de la cuestión y la comunicación genera, sobre todo, angustia. Otras veces, en cambio, por inseguridad forzamos una comunicación demasiado cruda que no solventa, sino que agrava el problema. Comunicarse, dice el psicólogo Joan Garriga, no siempre significa hablar: «Creo que se ha magnificado el asunto de que la pareja tiene que comunicarse... También es un logro rendirse al misterio del otro. Yo abogo por que la pareja se comunique bien, lo que significa: mirar al otro y respetarlo; escuchar lo que tiene que decir, teniendo en cuenta que lo que tiene que decir el otro es, a veces, muy poco o muy distinto de lo que queremos escuchar; respetar que, a menudo, la forma de comunicación de la otra persona es el silencio o contar veinte anécdotas... Por otro lado, la comunicación genuina y buena consiste en ser y vivir en cada momento como uno es, estando con el otro sin necesidad de enmascararse e inventarse un personaje. La verdadera comunicación es vivencia y convivencia. Siempre hay comunicación. Hablar sobre cualquier tema, sobre lo vivido, no es verdadera comunicación, es metacomunicarse; y de esto no hay que abusar, porque entonces las parejas tratan de comunicarse entre comillas y se olvidan de vivir, de que ya son comunicación por el mero hecho de estar uno con otro. En realidad resonamos tan profundamente en el otro que comunicar sería sólo transparentar lo que el otro ya sabe».

A veces —podría contarlas con los dedos de una mano— he escuchado a amigos relatarme la historia de amor de sus padres o de sus abuelos. Conmueve el amor cuando logra superar las barreras del tiempo y de la edad sin perder su frescura y su ternura. ¿Cómo lo lograron? Antes pensaba, cuando escuchaba cómo el amor florecía para algunos en la mirada de un solo compañero fiel, que esas personas tuvieron suerte: al igual que a unos les toca la lotería, a ellos les tocó el amor. Ahora en cambio creo que esa suerte nos toca a casi todos; ellos, simplemente, supieron administrarlo bien, crear un entorno favorable para que el compañero pudiese crecer y envejecer sin miedo. No es, como aduce algún estudio, que las expectativas de las parejas felices o consolidadas sean más bajas que las de los demás, sino que sus expectativas han sido más justas con la realidad y más templadas.

Tal vez su secreto, como en estos versos del poema "Llevo tu corazón en mí" de E. E. Cummings, sea tan sencillo que apenas nadie acierta a verlo:

he aquí el más profundo secreto
que nadie conoce
(aquí la raíz de la raíz y el brote del brote
y el cielo del cielo de un árbol llamado vida; que
crece
más alto de lo que el alma pueda esperar o la
mente oculta)
y esta es la maravilla que lejos
mantiene a las estrellas en su lugar

llevo tu corazón (lo llevo en mi corazón).

Para casi todos la vida encierra muchas despedidas: muertes, distanciamientos o separaciones de amigos y seres queridos, pérdidas de ideales o de sueños... En estos casos, solemos resistirnos a aprender a despedirnos con alegría de lo que la vida nos quita, y que aún amamos. Lo expresa de nuevo con belleza el psicólogo Joan Garriga: «Pienso que con el tiempo hay todavía un amor más profundo que vendría a decir *Te veo y, por tanto, veo de dónde vienes, veo tu camino único y singular... incluso veo que tal vez no te quedarás conmigo para siempre.* Se reduce aún más el ego, porque este amor conlleva no sólo amar al otro sino amar el camino propio que lo impulsa, amor a sus impulsos, amor a sus orígenes, amor a su destino. Pero éste sería un amor muy desarrollado... Tenemos que reconocer que a veces, aunque perviva el amor en una relación, lo mejor es dejarla».

Cuando miramos las relaciones como fuentes de aprendizaje, podemos asimilar nuestra lección sin resentimiento contra nadie. Si la relación acaba, la despedida no será amarga sino que generará gratitud hacia quien se cruzó en nuestro camino y aportó algo a nuestra vida. Nos ayudó a crecer, a transformarnos, a desechar, a avanzar. Si se equivocó en algo, si no pudo estar a la altura de lo que vislumbramos, no es algo que debamos juzgar. Para nosotros fue sin duda un buen maestro si logramos aprender la lección ofrecida. Es lo único que debemos retener.

Dejar de dividir de forma instintiva y paranoica el mundo en buenos y malos es una de las lecciones más importantes del amor en cualquier circunstancia. Amar sin juzgar significa amar con plenitud, disfrutar, dar las gracias y dejar ir libremente; confiar en que el amor está, tal y como lo ven los niños, en cualquier lugar, para así abordarlo sin miedo, como una fuente inagotable de aprendizaje, de transformación y de libertad.

VI

La desnudez

Tras un largo viaje, un alma desorientada llega a la cima de una montaña y se presenta con el balance de su vida terrenal ante tres luminosos jueces arcangélicos...

Arcángel Rafael: Necesitaba usted 600 puntos para interrumpir el ciclo de reencarnaciones, estaba avisado desde el principio del procedimiento. Sin embargo, termina esta vida con 230 puntos negativos. No le da para mucho, me temo.

Arcángel Miguel: Nos vemos obligados a enviarle a otro cuerpo.

Alma *(espantada):* ¿¡Otro cuerpo!?

Arcángel Miguel: Sí, otro cuerpo, otra vida. Una vida que podrá elegir usted mismo. Vamos a darle la posibilidad de reparar los errores de su vida pasada. Elija usted mismo las ventajas/bazas y los obstáculos de su nueva vida.

Arcángel Rafael: Aquí tenemos la lista recién hecha de los padres para que elija que están haciendo el amor ahora mismo.

Alma *(alucinada):* ¿¡Voy a poder elegir a mis padres!?

Arcángel Miguel: ¿Cuántas veces tenemos que repetirle que uno mismo puede elegir su vida? Pero ¡mucho cuidado con las equivocaciones! ¿Qué prefiere? ¿Padres más bien severos o más bien permisivos?

Alma *(perpleja):* Mmmm... ¿Qué diferencia hay?

Arcángel Gabriel: Veamos. *(Un serafín proyecta entonces la primera imagen telepática, una pareja obesa en una cama).* El Sr. y la Sra. Dehorgnes, una pareja simpática. Buena gente, protectores, bondadosos. Tienen un solo defecto: su profesión. Son hosteleros y su restaurante está bien provisto de comida. Por la noche lo obligarán a comerse todos los restos. Su especialidad es el Cassoulet y los profiteroles de chocolate. Usted, como ellos, muy pronto será obeso. Bien, ¿le interesan los Dehorgnes?

Alma *(con una mueca de asco):* Pues ¡claro que no!

Arcángel Gabriel: Todos los padres tienen sus ventajas y sus inconvenientes. Y con la nota que trae usted no puede hacerse el estupendo... *(Nuevo envío de imágenes telepáticas).*

Arcángel Rafael: La familla Pollet. El padre tiene un estanco, fuma demasiado y bebe como un cosaco. La mujer es analfabeta y sumisa como un perro. Por la noche el Sr. Pollet suele regresar a casa borracho y atiza a todo el mundo, incluyendo mujer e hijos. Con él puedo asegurarle que los correazos serán contundentes.

Alma: ¡Siguientes padres, por favor!

Arcángel Gabriel *(escéptico):* Con 230 puntos negativos...

Arcángel Miguel: Los De Surnach. Pijos, estilosos. Jóvenes, deportistas, siempre a la última, son padres estilo coleguillas. Tienen muchos amigos, salen a bailar, viajan por todo el mundo.

Alma *(muy interesada):* ¡Por fin me proponen ustedes algo que no es monstruoso!

Arcángel Gabriel: No es tan sencillo. Como están ensimismados en su propia felicidad, le dejarán hacer todo lo que quiera. Pero son tan dinámicos que usted, a su lado, parecerá siempre desdibujado y apocado.

Arcángel Rafael: Al principio les tendrá envidia, luego los odiará. Ellos están tan locos el uno por el otro que le mostrarán poco afecto. Muy pronto se convertirá usted en un niño malhumorado y después en un amargado. Ellos, incluso a los 60 años, parecerán jóvenes. Pero usted, con 12 años, será como un viejecito. Como cuesta admitir que uno odia a sus propios padres, muy pronto sentirá resentimiento contra todo el planeta.

Alma: Vale, lo he pillado. ¿Quién más hay?

Arcángel Miguel: Veamos a los Gomelin. Se trata de una pareja madurita que pensaba que ya no podría tener hijos. Gracias a las nuevas técnicas de fecundación *in vitro*, esta señora menopáusica va a tener un bebé. Caerá en brazos de esta familia como un regalo inesperado. Lo mimarán a morir. Los querrá, incluso los adorará.

Alma *(cada vez más desconfiada)*: ¿Y dónde está la trampa esta vez?

Arcángel Gabriel: Usted los querrá tanto que no será capaz de dejar el nidito familiar. Siempre estará en casa, introvertido, incapaz de abrirse a los demás. Admirará tanto a su madre que ninguna mujer del mundo se la podrá comparar, y creerá que ningún hombre llega a la suela del zapato de su padre, tan sabio y tan comprensivo.

Arcángel Miguel: Ay, sin embargo, ellos morirán jóvenes, y usted será un pobre huerfanito abandonado. Parecerá un pajarillo que ha caído del nido antes de haber aprendido a volar. Y vivirá el resto de su vida lamentando esta desaparición.

Alma *(desolada)*: ¿Quién más queda?

Arcángel Miguel: Los Chiroubles. Padres separados. La custodia del niño será para la madre. Ella ya tiene un amante que lo odiará. Lo encerrarán en un armario para hacer el amor tranquilamente.

Alma: Es para no creérselo... Vamos de mal a peor...

Arcángel Rafael: No, no, estos padres tienen sus ventajas. Brotará en usted una rabia tal que querrá vengarse el resto de su vida. Odiará a todas las mujeres porque le recordarán a su madre. Esta indiferencia hará de usted alguien irresistible, un gran seductor. A raíz de la indiferencia de su padre, también odiará a los hombres y, por tanto, tendrá sed de poder para dominarlos mejor. Es con una infancia de este estilo con la que se fragua un brillante ejecutivo o un hombre de estado con mano de hierro.

Arcángel Gabriel: 230 puntos negativos, lo sentimos pero esto es lo que hay. Los hosteleros obesos, los estanqueros borrachos, los pijos dinámicos, los padres maduritos y chochos o los divorciados a la gresca.

Alma: ¡Me piden ustedes que elija entre la peste y el cólera! ¿Qué me aconsejan?

Arcángel Miguel: Yo, sin querer meterme donde no me llaman, diría que los divorciados a la gresca están bien. Cuanto más sufra en esta vida, más puntos podría acumular para la siguiente. Una vida pasa rápido, hay que ser amplio de miras y ver las cosas a largo plazo. (*Todos miran mientras los serafines proyectan imágenes de todas las parejas de padres*).

Arcángel Rafael: Yo también creo que son una buena elección. Al principio será duro, pero cuando sea adulto podrá progresar.

Arcángel Gabriel: Yo elegiría más bien a los Pollet, con ese estanquero borracho y violento. Estoy convencido de que no hay que ser timorato a la hora de elegir una infancia realmente podrida. Más adelante las cosas sólo pueden mejorar. Vendrá el ansiado día en el que el padre ya no se atreverá a pegarle porque será usted tan fuerte como él, y el día más glorioso aún en el que se irá de casa con un portazo, escapando así a su tiranía...

Alma *(suspirando tras una larga reflexión)*: Bueno, pues adelante con los divorciados a la gresca.

(Adaptación de *Los tanatonautas*, de Bernard Werber).

En el texto citado al comienzo de este capítulo, el alma ha de elegir, sin comprender la razón, unos padres. La elección de esos padres conlleva unas circunstancias vitales que serán decisivas para su vida. Admite a regañadientes, pero sólo porque lo obligan a ello, que cualquier elección tendrá sus contrapartidas.

Este texto ilustra con fuerza la complejidad de las corrientes que moldean nuestra vida. Tanto si los podemos elegir como si no, cada infancia, cada padre y madre, cada circunstancia vital puede ser un trampolín hacia la transformación y el aprendizaje, o bien hacia la desesperación y el odio; un obstáculo que superar o un pozo en el que hundirse. Podemos aprender gracias al disfrute y a la superación de obstáculos, o estancarnos por la precariedad y la dificultad del entorno que nos rodea.

Es un panorama inevitable y esperanzador. Nos hace a todos más iguales, y también más libres. Porque incluso las circunstancias más atractivas encierran alguna trampa, y porque, elijamos lo que elijamos, siempre habrá un reto para medirnos. Nuestra libertad reside en cómo lo afrontamos. Si lo hacemos con rabia y con dolor, desde la comprensión, la rebelión, el afecto, la dependencia, el rechazo, la conciencia o por la simple y llana fuerza de las cosas, es cosa de cada uno. Incluso dentro de una misma familia dos hermanos utilizarán y sembrarán una herencia psíquica y emocional familiar potencialmente común de maneras muy diferentes y con resultados dispares. Podemos oscilar entre mirar y lamentarnos, o tomar lo que hay y estrujar lo que la vida nos entregó a manos llenas.

Por ello, un elemento básico y común en todos los procesos de sanación y de psicoterapia es la necesidad de comprender la dinámica de cada infancia y de trabajar en la reconciliación interior, profunda, con los padres que nos dieron la vida y, de paso, todo lo demás: los obstáculos, las circunstancias materiales, las ventajas académicas, un primer sistema de valores y las herramientas emocionales con las que enfrentarse a la vida. A partir de ahí, las cartas están de nuestro lado.

Para enfrentarse a los inevitables retos de la vida, los humanos tendemos a buscar comportamientos, recursos y personas que puedan protegernos de los peligros del mundo. Tejemos redes, levantamos muros emocionales, físicos e intelectuales, trazamos un mapa de navegación con señalizaciones claras para asegurarnos de que a la primera tormenta no se vendrá todo abajo, que habrá alguien o algo que nos protegerá de la tristeza y de la incertidumbre. Con estos disfraces como única arma nos enfrentamos al mundo, desempeñamos un papel, nos movemos como si fuéramos intocables. Blindamos la vulnerable inocencia de la infancia: «El presente es el mundo de los niños, porque todavía no tienen cargas ni responsabilidades; ni siquiera su formato fisiológico permite que puedan alejarse mucho del presente», dice el psicólogo Joan Garriga. «Luego en la vida empezamos a proyectar, queremos *ser alguien*, ser padres, ser maridos, ser buenos profesionales... Estamos constantemente luchando para defender estos personajes porque confiamos en que son ellos los que sostienen nuestra vida».

Desde una perspectiva objetiva, la eficacia de estas estrategias de autodefensa resulta, como mínimo, dudosa. En el fondo, a la larga, nadie se las cree. Un puñado de disfraces no puede mitigar la infinita incertidumbre y la crudeza de la vida que nos cayó en suerte.

LAS TRAMPAS DE LA DESNUDEZ: LOS CONDICIONAMIENTOS

La quietud del sueño de los niños me impresiona. Toda la expresiva energía que tienen durante el día por participar de la aventura de vivir se esfuma por la noche como por arte de magia. Por fin están quietos, completamente dormidos, y puedes mirar sin prisa cómo han crecido desde la última mirada, maravillarte ante la profunda confianza que respira su sueño. Quién pudiera dormir de adulto como si nada malo pudiese alcanzarte. Siempre hay algún cambio que anotar: ayer se me cayó un diente, hoy se me quedó pequeño el último par de sandalias. Las piernas se me han alargado. Son más lisas las mejillas y se me han afinado los rasgos. Cuando somos pequeños, aceptamos y comentamos con alegría este continuo proceso de transformación. No nos parece raro ni preocupante, sino sencillo y necesario. Lo requerimos para llegar al destino final, para poder salir al mundo pletóricos y preparados. Es un proceso que celebramos a diario a lo largo de todo el año.

Sin embargo, un día llegamos a ese puerto del que tanto nos hablaron, que tanto esperamos. El proceso de identificación físico y emocional cedió de forma paulatina a lo largo de la infancia para dejar paso a la personalidad adulta independiente. Y con esta mayoría de edad hacemos algo muy extraño: aparcamos el proceso de transformación que nos venía acompañando hasta ahora. Completamente. Ahora ya somos quienes somos: esto es lo que pensamos, así nos comportamos. Cualquier discusión a este respecto parece una amenaza a nuestra integridad. Desconfiamos del cambio y de la transformación. Cuanto más fijamos esta identidad, más nos felicitan. Cuanto menos la cuestionamos, más seguros nos sentimos. Si no hay una causa de fuerza mayor que nos obligue a cambiar, nos resistiremos a hacerlo. Estamos aquí, y aquí nos quedamos. Si la vida requiere que nos mudemos, será a la fuerza.

Aunque en esta etapa no la perdemos, le damos la espalda con el beneplácito social a la capacidad que hasta entonces habíamos mimado y celebrado: la capacidad de cambiar, de transformar, de crear, de renovar. Asumimos por completo un paradigma cultural extraordinariamente negativo y gratuito que afirma que los niños sanos se transforman, cambian y crecen, pero que los adultos sensatos asientan, delimitan y protegen.

El peso del bagaje emocional

Resulta paradójico, pero a veces no son los demás: es uno mismo quien se resiste a soltar lastre. Tendemos a aferrarnos de forma inconsciente a nuestra tristeza y a las injusticias vividas, pequeñas o grandes, como si fuesen un bien preciado, tal vez porque somos reacios a dejar atrás aquello que nos costó demasiado conseguir, que hirió, que significó días, meses o años de tristeza injusta y debilitante. El entorno lo permite, incluso lo ampara: durante años se consideró que la capacidad de superar obstáculos de la que hacen gala algunas personas de forma acusada era un rasgo casi patológico, algo que denotaba dureza o insensibilidad. Se sugería que los superaban, no porque fueran valientes, sino porque en el fondo no les dolía. Tremenda soledad la nuestra, cuando además de tener que abrirse paso hay que hacerlo ante la profunda incomprensión de los demás. Lo enfermizo no es superar los obstáculos, sino aferrarse a ellos. Sólo un concepto de lealtad estrecho y lacerante, sólo un exceso de miedo y de desconfianza en el futuro nos incita a aferrarnos a lo que nos hiere.

Por esto resulta tan necesario saber qué y quién habita nuestro interior. Claro que comprenderlo no es suficiente. Hay que lograr sacar jugo a las circunstancias que nos tocaron en suerte. Lo expresa con contundencia el brillante psicólogo y escritor Adam Phillips cuando dice: «... los enfoques tranquilizadores de lo que llamamos *conocerse a uno mismo* —es decir, las historias de *cómo llegamos a ser lo que somos*— son sustitutos muy pobres de la capacidad de las personas para transformar su mundo. El psicoanálisis no debería promover el conocimiento de uno mismo como si fuese un premio de consolación por la injusticia del mundo». Phillips se resiste a utilizar las terapias solamente como una forma de enfrentarse a las desilusiones. «La terapia», insiste, «no puede enseñar a las personas a aceptar más allá de lo razonable». Hay que remodelar lo que nos tocó en suerte.

La realidad, sin embargo, es que nos tienta arrastrar nuestro bagaje emocional sin transformarlo. A menudo es lo único seguro que creemos tener. Las personas tienden a identificarse con sus circunstancias vitales y con sus datos biográficos, sobre todo con los que se fraguaron en su infancia. Cuando nacemos, somos frágiles y vulnerables, física y mentalmente. Necesitamos tanto el amparo de nuestros padres que apenas somos capaces de distinguir entre ellos y nosotros. Nos identificamos con ellos en todos los sentidos posibles: necesitamos creerlos, amarlos, respetarlos, admirarlos. A lo largo de la infancia deberíamos realizar el recorrido gradual necesario para formar y consolidar la percepción de quienes somos: seres distintos y separados de nuestros padres, personas capaces de desarrollar su propio sistema de valores, sus propios objetivos, sus prioridades únicas y personales.

Este proceso, lento y apenas perceptible, empieza a culminar en la adolescencia. Buen número de padres se sienten personalmente rechazados por sus hijos adolescentes. Sin embargo, en esa etapa se está consumando dicho proceso —ingrato pero también natural y necesario—, que culminará con el corte simbólico del cordón umbilical emocional que ató al niño a sus padres durante toda la infancia. Aunque lo parezca, el rechazo del adolescente no es un rechazo personal, sino una necesidad vital de desidentificación.

Un inciso acerca de esta etapa tan crucial de la vida: al nacer cortamos el cordón umbilical de nuestros hijos en un sentido físico; sin embargo, no son capaces de sobrevivir por sí mismos. Inician el largo proceso de independencia física, en el que irán aprendiendo lo necesario para encarnarse y sobrevivir físicamente en el mundo. Durante este proceso mantendrán la identificación emocional con los padres y serán muy vulnerables e influenciables por éstos.

El corte simbólico del cordón umbilical emocional se producirá años más tarde, durante la adolescencia, en torno a los 13 o 14 años, lo que no significa que el niño a partir de esa edad ya sea plenamente capaz de funcionar como un ser maduro: sigue necesitando el amparo sólido de un entorno seguro, porque aunque camina a tientas en el último tramo anterior a que su vida sea física y psíquicamente independiente, todavía tiene mucho que ensayar y aprender. Está ensayando los primeros pasos de esta etapa adulta: se trata de sus libertades, pero también de sus responsabilidades, por lo que ha de aprender de manera imprescindible a responsabilizarse y a reparar los posibles daños causados si no quiere llegar lastrado, desmotivado y tristemente engañado a la etapa adulta.

Cuando llegue allí, encontrará que bascula entre dos mundos: por una parte, el mundo personal, cotidiano, con sus verdades defensivas y razonables; por otro, el de la vida con mayúscula, aparentemente ciega, que no atiende a nuestras limitativas y punzantes necesidades. En este mundo, las cuestiones relativas a la justicia y a los deseos poseen una relevancia muy diferente a la nuestra. Aquí la vida no se fija en nuestras penas ni en nuestras alegrías, sino que arrasa, arrambla, ordena y manda. Agarrado a la emoción, a su sistema de valores, a sus anhelos, sus juicios y sus frustraciones, el ser humano tropieza. A caballo entre los dos mundos, le surgirá la duda de si todo tiene algún sentido oculto o si, en cambio, el horizonte se extiende solo hasta donde la mirada abarca.

Decía Jung que la pregunta decisiva del ser humano es si está relacionado con algo infinito o no: «Ésta es la pregunta clave de su vida. Sólo si sabemos que lo que realmente importa es lo infinito podemos evitar fijar nuestra atención en cosas frívolas y en metas que carecen de importancia. Si no, pediremos al mundo que nos reconozca por aquellas cualidades que consideramos posesiones personales: nuestro talento o nuestra belleza. Cuanta más importancia dé la persona a sus falsas posesiones, cuanta menos sensibilidad tenga para lo esencial, menos satisfactoria será su vida. Se sentirá limitado porque sus objetivos son limitados y el resultado será la envidia y los celos... La limitación más grande para el ser humano es el *yo*, que se manifiesta a través de la experiencia *¡Yo soy sólo esto!* Sólo la conciencia de que no estamos encerrados en los confines estrechos del yo nos vincula al mundo ilimitado del inconsciente». Buscaremos entonces respuestas a preguntas que tal vez nunca hayamos escuchado. Hará falta mucha inocencia y pasión para adentrarse en esa búsqueda, de nuevo ante la resistencia al cambio y la falta de apoyo del entorno.

La resistencia al cambio

Hay muchas formas de ver la vida que son especialmente sugerentes. El cosmólogo y teólogo Thomas Berry, por ejemplo, contemplaba el universo y todo cuanto lo habita como una sola comunidad interrelacionada. Cada ser vivo del planeta, decía, está profundamente integrado en la existencia y en el desarrollo de todos los demás seres. Para él, las tres leyes básicas del universo eran la diferenciación, la subjetividad y la comunión; de ahí, decía, se derivan los sistemas de valores y las motivaciones de los seres humanos. Éstos se desarrollaron en unos periodos de tiempo concretos. Así, en el Neolítico, hace unos doce mil años, marcó el principio de la domesticación de las fuerzas naturales; las civilizaciones clásicas nos fueron alienando cada vez más en este sentido, con sus gobiernos centralizados, la especialización social, la invención de la escritura y la expresión más elaborada de la religión y el arte. Tras ello, en la fase científica, tecnológica e industrial actual por primera vez se alteran los sistemas biológicos, el equilibrio bioquímico y las estructuras geológicas con la contaminación y la sobreexplotación de los suelos.

La visión de Thomas Berry es pura poesía hermosa y compacta, bien ensamblada, tal vez cierta, tal vez no. Su fuerza radica en que denuncia algo evidente: el individuo, en las últimas décadas y tras largos milenios, ha perdido su relación mágica y misteriosa con la Tierra y con el infinito. Esta pérdida ha dejado un agujero negro en la psique humana, allí donde durante miles de años se alojaban nuestras preguntas sin respuesta. Si durante siglos nuestro cometido pareció ser prender una cerilla para intentar vislumbrar la realidad de la vida, ahora de repente alguien había encendido la luz. Miramos alrededor y una voz sin nombre anunció tajante: «Hasta donde la luz de esta bombilla alcance, alcanza la realidad. No hay más». La mirada ya no puede perderse más allá.

La sobrevaloración de la razón tiene esto en común con el absolutismo, decía Jung: bajo sus dominios el individuo queda brutalmente empobrecido. ¿Qué o quién la promueve? ¿Cómo nos defendemos de ella?

El filósofo Thomas Kuhn aportó una explicación útil para comprender la paradoja de por qué necesitamos unas estructuras intelectuales que sirvan de referencia a nuestra vida, y cómo al mismo tiempo vivimos en un continuo conflicto con estas estructuras que él llamó paradigmas. Aplicó esta visión de forma específica al ámbito científico. Mostraba el ejemplo de cómo, una vez que los astrónomos aceptaron la teoría copernicana del universo heliocéntrico, las preguntas que se formulaban y la propia forma de mirar el universo cambió. En la historia de la ciencia, a medida que los científicos se esfuerzan por expandir las fronteras de la acumulación de conocimientos, lo hacen de acuerdo al método científico y en función de determinados paradigmas. Cuando las fronteras de éstos, debido a sus inevitables limitaciones y errores internos, se vuelven estrechas, se produce una crisis, y un nuevo paradigma reemplaza al anterior. Es un proceso necesario para poder ajustar los datos que no encajan ya en el paradigma antiguo. Así se abren nuevas líneas de investigación y nuevas formas de comprensión. Y allí, en los confines siempre en expansión de cada paradigma, regresa el misterio que nos rodea.

La teoría de Kuhn ha sido determinante en Occidente porque de alguna forma incitó a una cierta tolerancia ante distintas formas de percibir la vida. De otra forma, el paradigma dominante podría cerrar las puertas individuales y colectivas al cambio y a la transformación. Así todo en Occidente tendemos a privilegiar una forma de comprender el mundo que excluye la duda y la multiplicidad. Hemos superado la dependencia de la verdad revelada; pero cuando nos libramos de esos dogmas tiramos, como dicen los ingleses, al bebé con el agua del baño: dogma y misterio, todo desapareció. No eran lo mismo. Lo primero —el dogma— era sólo una respuesta simplista y burda al misterio.

Lo cierto es que, aunque las respuestas al misterio sigan el mecanismo de concordancia y lógica, las preguntas deben seguir siendo libres y sugerentes, ajenas a la necesidad de encajar en el paradigma en cuestión. No necesitamos coacción ni directrices para esbozar y proyectar un mundo de ideas y de sueños intuidos que, como el universo que nos rodea, se expande a velocidad de vértigo hacia quién sabe dónde. Sólo si prescindimos de la coacción y las directrices, evitaremos ahogar la imaginación creativa y la libertad transformadora. Para ello no sólo hay que librarse del dogma y de la rigidez, sino también desnudarse del miedo y de las certezas eternas.

LOS DONES DE LA DESNUDEZ: LA LIBERTAD

Hubo un tiempo en el que no sabía marcharme. Me quedaba demasiado tiempo cerca de las personas o en los lugares que me impedían renovarme, transformarme, descubrir. Una de las lecciones que me resultaron más difíciles fue aprender a establecer los límites de lo que era aceptable para mí.

Cuando miro hacia atrás y recuerdo personas, lugares o ideas que amé, a veces sólo distingo confusión, dolor o incomprensión. Tardo un tiempo en recuperar la primera impresión: la luz que me enseñó a ver, a comprender. Primero está esa luz, ese amor, esa comprensión: eso es lo que nos hace sensibles al cambio y permeables, por tanto, a la asimilación de lo nuevo. Es la transformación de lo caduco. Después, tras la tormenta, habrá que poner límites, regresar a la solidez individual, al ser esencial de cada uno. Sólo desde ese lugar estable y sólido podemos elegir en libertad qué pensar, qué hacer, qué decir, qué entregar. Nada externo es nuestro para siempre, sólo podemos quedarnos con la esencia de lo que logremos asimilar.

Poner límites, negarse, ser rechazado parecen experiencias o conceptos negativos porque sugieren que hemos perdido el tiempo, que no hemos sido amados, que nos hemos equivocado, que hay que seguir el camino con las manos vacías. La madurez emocional pasa, sin embargo, por esta lección fundamental. Al establecer límites se configuran nuestras prioridades y necesidades personales, a no ser víctima de todo lo que acaece: seleccionar, elegir y asimilar son el resultado de poner límites, de aceptar límites.

Con ellos, aprendemos a transformar unas circunstancias que tal vez no son las que hubiésemos deseado, a funcionar al margen de lo que los demás, o la vida, nos han dado, o no nos han dado. Poco a poco emerge una sólida realidad: alguien capaz de albergar, de proteger, de transformar y de amar a pesar de sus circunstancias. Alguien libre, en la mayor medida posible, de odios y rencores, de mil reproches, de demasiados temores. Alguien capaz de distanciarse de sus circunstancias y de fabricar un mundo a su imagen y semejanza, soñado, inventado, y a veces, aun fugazmente, plasmado.

Para ello, dice Lise Heyboer que «... hace falta encontrar las raíces de lo que somos. Disolver las estructuras rígidas como opiniones, prejuicios, vínculos y obligaciones. Nos ofrecen seguridad a cambio de restringir, estrechar, reducir y negar la necesidad profunda y esencial de estar abierto a la vida... Camina por tu propia vida. Una vida con demasiadas reglas, límites, dogmas y valores rígidos no está viva. El destino no está escrito en ninguna parte; sólo el corazón de cada persona lo conoce, si este corazón tiene la suficiente libertad».

Cuando las personas son sólidas, su entorno no las contamina: su verdad personal, fuerte y duradera, bastará para alumbrarlas. Como en las montañas, el agua arrecia, el hielo recubre, el viento erosiona, pero la montaña sigue indemne y a sus pies puede brotar la vida que ella misma ampara.

La vida en busca de sentido

Cada persona decide cuánta coherencia quiere aportar a su vida, qué sacrificios le compensan y qué precio pagará por cada toma de decisión. Decía Elizabeth Kübler-Ross: «... tenemos ciertos trabajos que hemos venido a completar. Estos trabajos contienen muchas posibilidades de aprendizaje para nosotros mismos y para los demás. Aprendemos los unos de los otros, y también nos enseñamos los unos a los otros... Podemos morir cuando hemos enseñado lo que vinimos a enseñar y cuando hemos aprendido lo que vinimos a aprender».

A menudo me he preguntado por qué los sabios no regalan a manos llenas, con palabras claras y prácticas, aquello que nos resultaría útil para encontrar al menos parte de lo que buscamos a lo largo de la vida. Creo que la respuesta de estos sabios coincidiría con lo que la ciencia afirma últimamente: que sólo comprendemos y ponemos en práctica aquello que en realidad hacemos nuestro. Personalmente no he encontrado nunca, ni he comprendido jamás, aquello que no estaba dispuesta a comprender o preparada para aceptar en aquel momento. Ninguna palabra, ninguna experiencia ajena me sirvió si no llegó cuando podía y sabía escucharla. A veces tardé mucho, a veces no lo logré y otras, con paciencia, conseguí ir transformando los obstáculos y las penas en ladrillos de un puente hacia una vida más completa.

Muchas vidas tejen con dignidad caminos silenciosos. Brillan sólo para los que las rodean. Son un modelo para quienes las conocen. Como a los niños cuando se los ama de forma incondicional, no deberían juzgarnos por lo que hemos logrado sino valorar lo que hemos aprendido y el esfuerzo realizado. No por lo que hacemos, sino por lo que somos. Con suerte, con esfuerzo, ambas vertientes serán coherentes. El don que aporta cada vida a su entorno puede ser muy sencillo: una línea, una esencia. De cada vida pasada queda el epitafio. Los detalles, las anécdotas, los errores, los excesos, ..., todo palidece frente a esa esencia.

El siguiente ejercicio clásico de gestión emocional puede ayudar a las personas a identificar su esencia, su legado, y las metas necesarias para llevarlo a cabo: «Desde el cielo asistes a tu propio funeral en la Tierra. Alguien que admiras habla de ti con palabras que te hacen sentir orgulloso de lo que ha sido tu vida. ¿Qué dirá esa persona acerca de tu contribución al mundo? ¿Qué sentimientos y emociones menciona cuando habla de ti? ¿Qué te gustaría que los demás recuerden de ti?».

Cada ser humano que puebla la Tierra necesita, reclama, inventa y recrea un contexto y unas circunstancias concretas para existir o, al menos, para hacerse oír. Es una necesidad vital, la encarnación del ser esencial en la vida real. La vida elegida, sin embargo, puede presentar infinidad de caminos y de grados. «Hay personas que no deberían morir, porque son valiosas, porque son amadas, porque son únicas», decía un amigo de Vicente Ferrer en Anantapur, al sur de la India, donde había acudido cuando éste se estaba muriendo. En realidad esto es algo que debería decirse de todos cuando morimos: cualquier circunstancia podría albergar una buena vida. Desde la renuncia a la propia vida de aquellos pocos que deciden dejar de formar parte activa del mundo hasta la coherencia extrema que incita a participar en el mundo y a transformarlo. Cada cual elige cuánto puede aportar. Hay quien le da un tinte sagrado a su vida; hay quien la encaja en algo mucho más prosaico. No importa: una buena vida puede darse en infinitud de contextos.

La fundadora de la terapia breve Insoo Kim Berg, por ejemplo, abandonó la empresa familiar farmacéutica en Korea para dedicarse a ayudar a las personas a tomar las riendas de su vida. Para ello tuvo que transgredir las normas clásicas terapéuticas en una época en la que no era fácil contravenir a muchos de los dictados del psicoanálisis tradicional. Poco antes de morir le preguntaron cómo le gustaría recordar su vida: «Me gustaría poder decir que tuve una buena vida. ¿Y eso qué es? Que yo haya podido cambiar alguna cosa. Eso es; simplemente quisiera poder decir eso. El mundo es algo distinto porque yo estuve aquí. La vida es un poquito mejor y yo he podido contribuir. Creo que ésa sería una buena vida».

Cuando tenía 19 años, Elizabeth Kübler-Ross dejó las comodidades de la Suiza alemana y se lanzó en un largo peregrinaje como voluntaria de una organización por la paz a través de los países más asolados por la Segunda Guerra Mundial, en campamentos improvisados, centros de salud y cualquier lugar donde pudiese ayudar a los más desprovistos de ayuda. Cuando años más tarde le preguntaron cómo se había atrevido a correr tantos peligros tan grandes, ella contestó que por las noches, cuando todos buscaban algún sitio donde refugiarse, siempre iba al mismo lugar: «Buscaba el cementerio del pueblo y allí me dormía. Sabía que la gente tenía miedo de los cementerios, así que siempre me sentí segura en esos lugares. Nunca tuve miedo. Nací con muy poco miedo».

Sin embargo, lo que suele caracterizar la vida de una persona valiente no es la ausencia de miedo, sino la convicción profunda de que la prioridad siempre es abordar y transformar la realidad circundante *a pesar* del miedo. Para estas personas no es la realidad dada la que dicta la vida, sino la medida en la que ellas puedan incidir en esa realidad y transformarla. Para ello son capaces de dejar atrás las cadenas que las atan y las circunstancias y las creencias que las condicionan.

Cuando mi hija era pequeña, yo le hablaba a menudo de cómo enfrentarse al miedo, en distintos contextos, algunos muy modestos. A los siete años le realizaron una pequeña intervención: entró llorando en la consulta del dermatólogo, siguió sollozando mientras le ponían una anestesia local y durante toda la operación. Vivió el episodio con mucha angustia: pálida, asustada, casi fuera de sí. Hace poco tuvimos que repetir el procedimiento. Habían pasado varios meses y durante ese tiempo había hablado con ella a menudo de la experiencia vivida. Nos preguntamos si su angustia se ajustó a la realidad. Cuando regresamos al médico, ella fue capaz de estirarse en la camilla, de sonreír, de iniciar un ejercicio de relajación. Aguantó las lágrimas y preguntó varias veces acerca del procedimiento con serenidad. Se había convencido de que, a veces, el miedo es peor que la realidad. La fuerza de cada persona no radica en no tener miedo y no sentir debilidad, sino en ser capaz de enfrentarse a ellos. Fué un pequeño ensayo en el que adquirió confianza al aprender que era necesario mantenerse firme para afrontar algo.

Epílogo

He querido plasmar en este libro preguntas trascendentes contempladas desde la realidad cotidiana, porque forman parte de la misma. Pertenecen al momento que hiere, que traspasa y embriaga. En los libros de texto, en los foros académicos, dichas preguntas no duelen. Aquí sí lo hacen y, queramos o no, nos persiguen para que las contestemos no sólo desde el intelecto, sino también desde la vida misma. Son preguntas fundamentales a las que no se puede dar la espalda aunque vivamos en una sociedad que intenta hacerlo.

No hay más que encender el televisor o conectarse a internet para ver en qué caricatura hemos transformado los anhelos humanos, en qué pobreza mental y emocional pretendemos que broten los mejores pensamientos y sentimientos que nos habitan. No nos hemos de sorprender de las desgracias en las que a diario caemos: desmotivación, pasividad, alcoholismo, abusos, crueldad y una desconfianza brutal ante aquello que pueda mitigar y, por tanto, traicionar tanta tristeza, tanta miseria, tanto cinismo. Estamos encerrados en ese paradigma que dicta, con una agresividad sorprendente, a golpe de insulto y de desprecio, que esto es lo que hay. A quien no le guste que pase a engrosar la fila de los enfermos mentales y de los inoportunos rebeldes, o que migre a otra parte.

Pero no hay otro lugar: éste es el que nos ha tocado, el único que tenemos. En él vivimos rodeados, acosados o contagiados por las emociones oscuras o luminosas de quienes nos rodean. No importa cuántas paredes levantemos, cuántos insultos sembremos, cuántos esfuerzos hagamos para no vernos: estamos aquí, en un punto pálido y azul, conectados sin remedio, como expresaba el astrónomo Carl Sagan en este texto hermoso: «La Tierra es un escenario muy pequeño en la vasta arena cósmica. Ese punto pálido y azul en el espacio es nuestra casa, somos nosotros. Encierra todo lo que quieres, todo lo que sabes, cada ser humano del que hayas oído hablar, cada persona que ha existido. En él están la alegría y el sufrimiento, miles de férreas religiones, ideologías y doctrinas económicas, cada héroe y cada cobarde, cada creador y cada destructor de civilizaciones, cada inventor, cada explorador, cada político corrupto, cada líder supremo, cada santo y cada pecador... La historia de nuestra especie cabe en un rayo de polvo y de luz. Piensa en los ríos de sangre derramados por todos esos generales y emperadores para que con gloria y triunfo pudiesen ser los amos momentáneos de una fracción de este punto en el espacio... Este punto pálido y azul reta nuestras pretensiones, nuestra supuesta importancia, la sensación absurda de que somos los privilegiados de este universo... A mí me recuerda, por encima de todo, la responsabilidad que tenemos de tratarnos mejor y de preservar y amar el único hogar que hayamos tenido jamás».

Habrá que despertar del letargo, de un vivir sin esfuerzo ni sacrificio, sin un sueño que llevar a cabo. ¿Buscamos lo que nos diferencia de las demás especies? Encontrar aquello que dota de significado a cada vida, poder decidir incluso en contra de nuestros instintos cuando estos se vuelven tiránicos: ése es el anhelo específicamente humano. Ésa ha sido la esencia de nuestra libertad. Si no, entonces sobra tanta corteza cerebral, tanta capacidad para soñar cuando la utilizamos, sobre todo, para dañar. Vivir de espaldas al inconsciente reduce la vida a su mínima expresión. Pero, cuando arrancamos de esas profundidades unos destellos de comprensión, agrandamos el territorio consciente donde vivimos. Escapamos en alguna medida a las garras del instinto de protección que dicta una visión del mundo sesgada y compulsiva, armada de certezas. Sin esas certezas y esos condicionamientos, en la fluidez y en la intuición de lo que queda por llegar, reside la libertad de ser sin anular, de elegir sin odiar, de expresar y de resolver sin juzgar.

Cuando preparo, con mano cada vez más ligera, la bolsa que me acompaña en mis viajes, me llevo sobre todo las palabras o la presencia de quienes me dejaron una huella grabada. A veces es sólo una luminosa e inesperada sonrisa en un ascensor: allí se encierra la promesa de que de lo más frágil puede brotar la vida, la sanación. No hacen falta reglas ni circunstancias perfectas, sino sólo la luz que se desprende de una pasión desbrozada de prejuicios, de odios y de miedos, donde pueda crecer una búsqueda, una visión.

Cuando el cansancio o la desazón me invaden suelo recordar, en un marco sobre mi escritorio, el grabado de un ángel que en su reverso tiene estas palabras:

Te entrego el don de una mano ligera
Para que, cuando camines por la Tierra
las piedras y los corazones,
no queden huellas de tus pisadas.

Una mano transparente llega al alma.
Y esa impronta sí es para siempre.

Luchar, soñar, amar y comprender no son palabras huecas. Son espacios al alcance de todos, donde vive la inocencia radical, esa capacidad humana casi infinita de transformarse, de escuchar, de crear y de multiplicarse a pesar de la oscuridad. «El significado de mi vida es que la vida me ha planteado una pregunta concreta. O, tal vez, que yo soy la pregunta planteada al mundo y que debo comunicar mi propia respuesta», musitaba Carl Jung al final de sus días. Y concluía: «... mientras la persona que desespera camina hacia la nada, la que ha puesto su fe en los arquetipos sigue el camino de la vida... Ambos, desde luego, viven sin certezas, pero el uno vive contra sus instintos; el otro, con ellos».

Tal vez no haya otro legado que dejar, otra forma de sobrevivir, de comunicar. Y si tras el misterio de la vida finalmente se esconde algo más, qué suerte alcanzar esa orilla habiéndose despojado de todo lo que supone un lastre y habiendo hecho florecer los dones, frágiles y misteriosos, que nos confió la vida al llegar.

Bibliografía básica

ANTHONY, C., *Amor, una conexión interior*, Anthony Publishing Company, 2013.

BENNETT-GOLEMAN, T., *Alquimia emocional*, Ediciones B, 2005.

—, *Susurrar a la mente*, Kairós, 2014.

BERRY, T.; SWIMME, B., *La historia del universo*, Uriel Satori, 2009.

BLOOM, A., *Meditations on a Thelve*, Continuum, 2004.

BOWLBY, J., *La separación (El apego y la pérdida II)*, Paidós, 1985.

BRACH, T., *Aceptación radical*, Gaia, 2014.

BRIZENDINE, L., *El cerebro femenino*, RBA, 2007.

CAMPBELL, J., *Los mitos: su impacto en el mundo actual*, Kairós, 1994.

CARLIN, J., *El factor humano*, Seix Barral, 2010.

CLECKLEY, H., *The Mask of Sanity*, Literary Licensing, 2011.

CYRULNIK, B., *De cuerpo y alma: neuronas y afectos, la conquista del bienestar*, Gedisa, 2007.

—, *Los patitos feos*, Debolsillo, 2013.

DAMASIO, A., *El error de Descartes*, Crítica, 2001.

—, *En busca de Spinoza*, Destino, 2011.

DAVIDSON, R.; BEGLEY, S., *El perfil emocional de tu cerebro*, Destino, 2012.

DAWKINS, R., *El capellán del diablo*, Gedisa, 2005.

DENNETT, D., *La naturaleza de la conciencia*, Paidós, 2008.

DUHAMEL, G., *Diario de un aspirante a santo*, Losada, 2008.

EKMAN, P., *Emotions Revealed*, Phoenix, 2003.

FRANKE-GRICKSCH, M., *Eres uno de nosotros*, Alma Lepik, 2006.

FRANKL, V., *El hombre en busca de sentido*, Herder, 2007.

GARRIGA, J., *Vivir en el alma*, Rigden Institut Gestalt, 2008.

—, *¿Dónde están las monedas? El cuento de nuestros padres*, Rigden Institut Gestalt, 2008.

GOLEMAN, D., *Inteligencia emocional*, Kairós, 2000.

—, *Inteligencia ecológica*, Kairós, 2009.

HARE, R. D., *Sin conciencia: el inquietante mundo de los psicópatas que nos rodean*, Paidós, 2003.

HEYBOER, L., www.yijing.nl.

HILLMAN, J., *A Blue Fire*, Routledge, 1989.

HIRIGOYEN, M. F., *Acoso moral: el maltrato psicológico en la vida cotidiana*, Paidós, 1999.

IACOBONI, M., *Las neuronas espejo*, Katz, 2009.

JUNG, C. G., *Recuerdos, sueños, pensamientos*, Seix Barral, 2001.

—, *Arquetipos e inconsciente colectivo*, Paidós, 2009.

JAMES, O., *Te joden vivo. Cómo sobrevivir a la familia*, Global Rhythm, 2008.

JOU MIRABENT, D., *Cerebro y universo*, UDL Libros, 2011.

KHUN, T. S., *La estructura de las revoluciones científicas*, FCE, 2006.

KÜBLER-ROSS, E., *La rueda de la vida*, Zeta Bolsillo, 2011.

LANTIERI, L., *Inteligencia emocional infantil y juvenil*, Aguilar, 2009.

LEDOUX, J., *Synaptic Self, How Our Brains Become Who We Are*, Penguin, 2003.

—, *El cerebro emocional*, Ariel, 1999.

LEMPERT, B., *L'Enfant et le désamour*, L'Arbre au milieu, 1989.

LIVINGSTONE SMITH, D., *Why We Lie*, St. Martin's Press, 2004.

MEDNICK, S., *Sleep and Dreams*, SAGE Publications, 2009.

MILLER, A., *Por tu propio bien. Raíces de la violencia en la educación del niño*, Tusquets, 2006.

MURPHY, C. R.; HAIGH J. G., *Children of the Gold Rush*, Northwest Books, 2013.

NISBETT, R., *Intelligence and How to Get It: Why Schools and Culture Counts*, Norton, 2010.

PHILLIPS, A., *Becoming Freud*, Yale University Press, 2014.

PINEL, P., *Comprender y curar. La medicina de la mente*. FCE, 2005.

PINKER, S., *La tabla rasa: la negación moderna de la naturaleza humana*, Paidós, 2003.

PINKOLA-ESTÉS, C., *Mujeres que corren con los lobos*, Zeta Bolsillo, 2009.

PLATH, S., *Poesía completa*, Bartleby, 2008.

—, *The Unadbridged Journals of Silvia Plath*, Anchor Books, 2000.

—, *La campana de cristal*, Edhasa, 2008.

PUNSET, E., *El viaje a la felicidad*, Destino, 2005.

—, *El alma está en el cerebro*, Booket, 2012.

—, *El viaje al amor*, Destino, 2007.

—, *El viaje al poder de la mente*, Destino, 2010.

—, *El viaje a las emociones*, Destino, 2012.

—, *El viaje a la vida*, Destino, 2014.

—, *Excusas para no pensar*, Destino, 2011.

REVEL, J.-F., y RICARD, M., *El monje y el filósofo*, Urano, 1998.

RICARD, M., y TRINH XUAN THUAN, *The Quantum and the Lotus*, Three Rivers Press, 2001.

ROVIRA, A., y MIRALLES, F., *El laberinto de la felicidad*, Aguilar, 2007.

ROGERS, C., *El camino del ser*, Kairós, 2013.

—, *El proceso de convertirse en persona*, Paidós, 2000.

RUDHYAR, D., *Planetarización de la consciencia*, Ed. Sirio, 1970.

SAPOLSKY, R., *La guía del estrés*, Alianza, 1995.

SELIGMAN, M., *La auténtica felicidad*, Ediciones B, 2003.

SERVAN-SCHREIBER, D., *Curación emocional: acabar con el estrés, la ansiedad y la depresión sin fármacos ni psicoanálisis*, Debolsillo, 2010.

SHAZER, S., *Claves para la solución en terapia breve*, Paidós, 1990.

—, *Claves en Psicoterapia Breve*, Gedisa, 2013.

STEWART, K., www.kennethstewart.com.

TAMARO, S., *Donde el corazón te lleve*, Seix Barral, 2006.

TAVRIS, C., y ARONSON, E., *Mistakes Were Made (But Not By Me)*, Houghton Mifflin Harcourt, 2007.

WALTON, S., *Humanidad. Una historia de las emociones*, Taurus, 2005.

WEEKS, D., *Ocho pasos para resolver conflictos*, Vergara, 1998.

WERBER, B., *Los tanatonautas*, Thassalia, 1995.

WILDE, O., *De profundis y otros escritos de la cárcel*, Debolsillo, 2013.

WILLIAMSON, M., *Volver al amor*, Urano, 1993.

—, *Un año de milagros*, Destino, 2011. Fontanar, 2014.

WISEMAN, R., *Rarología*, Temas de Hoy, 2008.

YOUNG, J. E.; KLOSKO, J. S.; WEISHAAR, M. E, *Terapia de esquemas*, Desclée De Brouwer, 2013.